예수님의

기도

예수님의 기도

Copyright ⓒ 새세대 2022

초판 발행 | 2022년 1월 20일

지은이 | 곽요셉
펴낸곳 | 도서출판 새세대
발행인 | 곽요셉
이메일 | churchgrowth@hanmail.net
홈페이지 | newgen.or.kr
출판등록 | 2009년 12월 18일 제20009-000055호
주소 | 경기도 성남시 분당구 정자동 210-1
전화 | 031)761-0338 팩스 031)761-1340

ISBN 979-11-88604-10-4 (03230)

잘못된 책은 구입처에서 교환해 드립니다.
책값은 뒤표지에 있습니다.

예수님의
기도

곽요섭 지음

도서출판 **새세대**

바른 기도는 하나님으로부터 시작합니다. 하나님을 아는 지식의 충만함에 이르면 이를수록 바른 기도의 사람이 됩니다. 하나님으로부터 출발하고, 성령 안에서 지속하고, 예수 그리스도의 이름으로 시작하고 끝을 맺는 것이 구별된 성도의 기도입니다. 그래서 그리스도인은 성령 안에서, 예수 그리스도 안에서 기도의 사람으로 변합니다.

모든 종교인, 특별히 독실한 종교인은 나름대로 열심히 기도합니다. 그러나 중요한 것은 하나님께 응답되는, 하나님께서 기뻐하시는 기도이냐 하는 것입니다. 잘못된 기도는 하나님을 아는 지식이 없어 하나님과 바른 관계를 맺지 못하고 결국 내 문제를 해결하고 내가 원하는 대로 이루어지기만을 간절히 열망할 뿐입니다.

 우리는 먼저 예수님께서 제자들에게 가르쳐주신 주기도문으로부터 기도를 배워야 합니다. 주기도문으로부터 바른 기도를 시작합니다. 그리고 요한복음 17장에 기록된 예수님의 기도로 가장 위대한 기도를 배워야 합니다. 십자가를 지시기 전날 밤에 하신 이 기도는 예수님 자신을 위한 기도이며 동시에 제자들과 제자들로 인하여 믿음을 가질 모든 하나님의 자녀를 위한 중보기도입니다.

 구체적으로 예수님은 먼저 하나님 앞에서 하나님의 부르심과 소명으로 충만하길 기도하셨습니다. 하나님께서 예수님께 주신 소명은 '영생을 주게 하시려는 것'이었고, 예수님은 '하나님이 주신 일을 이루기 위해' 순종함으로 기도하셨습니다. 이 엄청나고 위대한 구원의 역사를 위해 기도하셨습니다. 또한 예수님은 '내게 주신 사람들'을 위해 기도하심으로 그리스도인은 하나님께서 친히 구별하신 하나님의 백성임을 계시하셨습니다. 안타까운 제자들의 모습에도 불구하고 '그들 안에서 영광을 받으셨음'과 '그들을 보전해 주실 것', 그리고 '내 기쁨을 그들 안에 충만히' 주실 것을 기도하셨습니다. 또한

'진리로 거룩하게 되어' 성령 안에서 '하나가 되기를' 기도하셨습니다. 이 기도로 제자들의 인생은 완전히 바뀌었습니다.

그리고 마지막 기도는 예수님이 전파하신 오직 하나의 복음, 하나님 나라를 위한 기도입니다. 창세 전에 하나님과 함께 계셨던 예수 그리스도를 알고, 이후 하나님 우편에 계실 그 천국을 바라보며 기도하기 원하셔서 '나 있는 곳에 나와 함께 있도록' 기도하셨습니다.

모든 성도는 이 기도를 묵상함으로써 예수님께서 무엇을, 어떻게, 어떤 마음으로 기도하셨는지 배워야 합니다. 이 기도가 나의 기도가 되어야 합니다. 하나님께서 일하시는 방식은 기도를 통해서입니다. 하나님께서는 성도의 기도 들으시기를 기뻐하시고 그 기도 안에서 기도에 합당한 역사를 이루고 계십니다. 또한 예수님께서는 항상 기도함으로 기도의 본을 보이셨습니다. 그리고 모든 하나님의 사람들이 기도했고, 기도 속에서 역사하신 수많은 사건이 성경에 기록되어 있습니다.

그러므로 하나님의 자녀는 기도합니다. 기도가 없이는 살아갈 수 없는 영적인 존재가 바로 성도입니다. 그래서 바른 기도를 해야 할 필요성을 항상 인식해야 합니다. 이 책을 통해 예수님의 기도를 배워 하나님의 뜻에 일치하는 응답받는 참된 기도로 하나님이 주시는 은혜와 평강을 누리고 하나님의 영광을 바라보는 중에 세상에서 승리하는 삶을 사시기 바랍니다.

차 례

예수님의 기도

01

예수님의 기도

예수께서 이 말씀을 하시고 눈을 들어 하늘을 우러러 이르시되 아버지여 때가
이르렀사오니 아들을 영화롭게 하사 아들로 아버지를 영화롭게 하게 하옵소서

– 요한복음 17:1

01

예수님의
기도

매일 아침 하나님께 기도하는 한 남자가 있었습니다. 그가 여느 때와 마찬가지로 이렇게 기도했습니다. "사랑하는 하나님 아버지, 저의 기도를 들으시는 주님, 저도 스데반처럼 눈이 열려서 하늘나라에 계신 예수님을 보게 하여주시고 베드로처럼 걷지 못하는 사람들도 일으킬 수 있는 기적을 행하게 하여주시며 바울처럼 독사에 물려도 괜찮은 그런 기적을 보여주시옵소서. 저의 기도를 듣고 계신다면 이 간절한 기도를 듣고 응답해 주소서." 그러자 하나님께서 이렇게 대답하셨습니다. "사랑하는 아들아, 너의 기도를 들었다. 나는 그들에게 준 것을 너에게도 똑같이 줄 수 있단다. 그렇다면 너는 욕을 먹으며 억울하게 채찍에 맞아 감옥에 가야 하고, 때로는 같은 민족이 던지는 돌에 맞아 죽을 각오도 해야 한단다. 그리고 네가 쌓은 명예와 부를 헌신짝처럼 버리고 네 친척이나 가족에게서 비난을 받아야 한단다. 그래도 괜찮겠느냐?" 그러자 남자가 대답했습니다. "하나님, 그건 좀 곤란합니다."

하나님으로부터 시작하는 기도

성도 여러분, 모든 종교가 기도를 강조하고 기도를 가르칩니다. 모든 종교인은, 특별히 독실한 종교인은 나름대로 기도하고 열심히 기도 생활을 합니다. 저는 이슬람을 국교로 하는 나라들을 방문할 때마다 일부러 부탁하여 그 나라에서 가장 유명한 모스크에 방문하곤 했습니다. 그런데 방문할 때마다 항상 충격적인 모습을 접했고 그것이 계속 기억납니다. 바로 그들의 기도하는 모습입니다. 차가운 돌바닥에 무릎 꿇고 진지하게 열정적으로 기도하는 모습을 봤습니다. 평일에 방문했음에도 불구하고 적은 수가 아니었습니다. 어떤 나라에서는 수천 명이 기도하는 것을 봤습니다. 참으로 열정을 가지고, 그것도 매일매일 정해진 시간에 열심히 기도하고 있었습니다. 이들의 기도와 오늘날 기독교 교회의 기도를 비교해 보면 그들이 훨씬 더 열심히, 그리고 간절히 기도합니다. 그것이 매우 충격적이었습니다.

그러나 중요한 것은 하나님께 응답되는 기도인가 하는 점입니다. 중요한 것은 참으로 하나님께서 기뻐하시는 기도를 하느냐입니다. 그런 질문을 떠올릴 때마다 그들이 너무도 불쌍해 보였습니다. 왜냐하면 잘못된 기도를 하고 있기 때문입니다. 그런데 왜 인간은 잘못된 기도를 합니까? 때로 그리스도인임에도 불구하고 잘못된 기도에 익숙해지는 이유는 무엇입니까? 성경은 이렇게 답합니다. "하나님을 아는 지식이 없어서." 그렇습니다. 하나님과 바른 관계를 맺지 못했기 때문에 잘못된 기도를 할 수밖에 없습니다. 그런 상태에서는 기도가 나로부터, 세상으로부터 시작됩니다. 세상의 문제를 해결하기 위한 기도에 집중하게 되는데, 결국 내가 원하는 기도, 내 뜻이 이루어지기를 간절히 열망하는 기도일 뿐입니다. 그런 기도를 하는 사람은 독실한 종교인일 뿐입니다. 이것을 알아야 합니다.

바른 기도란, 하나님으로부터 시작하는 것입니다. 그래서 하나님을 알지 못하는 사람은 바른 기도를 할 수가 없습니다. 하나님을 아는 지식의 충만함에 이르면 이를수록 바른 기도의 사람이 됩니다. 반면에 하나님을 아는 지식이 잘못됐거나 너무 적으면 그 수준에서 기도할 뿐입니다. 하나님과 바른 관계를 맺을 때 기도는 저절로 됩니다. 하나님의 뜻을 분별하므로 기도하게 되는데, 그리스도인의 기도는 바로 이런 것입니다. 하나님으로부터 출발하고, 성령 안에서 출발하고, 예수 그리스도의 이름으로 시작하고 끝을 맺습니다. 이것이 구별된 성도의 기도입니다.

우리는 믿지 않는 사람으로부터 '왜 이렇게 열심히 기도하십니까? 기도가 왜 이렇게 중요합니까?'라는 질문을 받습니다. 때로는 스스로 기도하면서 '왜 기도해야 하는가?'라는 의문을 갖기도 합니다. 성도 여러분, 왜 기도해야 합니까? 성경은 이렇게 답합니다. "하나님의 뜻이기 때문이다." 하나님이 일하시는 방식은 기도를 통해서입니다. 하나님께서 정하셨습니다. 하나님은 성도의 기도를 들으시기를 기뻐하십니다. 그리고 그 기도 안에서, 기도를 통하여 역사하십니다. 그래서 기도해야 합니다. 전지전능하신 하나님이시므로 이미 다 아시는 것을 반복적으로 이야기할 필요가 있는지 의문도 남습니다. 그런데 하나님은 다 아심에도 불구하고 하나님의 자녀가 기도하시기를 기뻐하십니다. 하나님께 기도하기를 원하십니다. 그리고 그 기도에 합당한 역사를 이루고 계십니다. 그래서 성경은 말씀합니다. "쉬지 말고 기도하라. 이는 너희를 향한 하나님의 뜻이니라."

배워야 할 예수님의 기도

만일 기도하지 않으면 하나님과 관계가 깨어집니다. 하나님과 교제할 수 없습니다. 하나님이 주신 복을 누릴 수가 없습니다. 무엇보다도 하나님의 뜻을 분별할 수가 없습니다. 하나님의 은혜와 진리를 체험할 수도, 지혜와 능력을 경험할 수도 없습니다. 기도하지 않으면 하나님과 분리된 삶을 살아갈 수밖에 없습니다. 무엇보다 중요한 것은 예수님께서 기도하셨습니다. 신약성경을 읽어보십시오. 항상 기도하셨습니다. 주요 사건 때마다 기도하셨습니다. 때로는 밤새 기도하셨습니다.

하나님이신 예수님께서 항상 기도하셨습니다. 기도의 본을 보이셨습니다. 또한 모든 하나님의 사람들이 기도했습니다. 그 기도가 응답됐고, 그 기도 속에서 하나님께서 역사하셨습니다. 이에 대한 수많은 사건이 성경에 기록되어 있습니다. 그러므로 하나님의 자녀는 기도합니다. 기도 없이는 살아갈 수 없는 영적인 존재가 되었기 때문입니다. 그래서 바른 기도를 해야 할 필요성을 항상 인식해야 합니다. 바른 기도를 하려면 성경으로부터 기도를 배워야 합니다. 성경에 많은 기도문이 있습니다. 대표적으로 시편이 그렇습니다. 응답받는 기도, 하나님이 역사하시는 기도를 배워야 합니다.

무엇보다도 예수님으로부터 기도를 배워야 합니다. 예수님의 기도는 다른 기도와 비교할 수 없습니다. 가장 완전한 기도, 하나님의 뜻에 항상 일치하는 기도, 기도의 응답으로 기적이 일어나고 능력이 나타난 예수님의 기도를 배워야 합니다. 예수님께서 어떻게 기도하셨으며, 무엇을 기도하셨는지를 분별해야 합니다. 기도의 방식을 배워야 합니다. 기도의 목적과 마음과 태도, 모든 것을 배우며 예수님의 기도가 나의 기도가 되어야 합니다.

한 수도사가 주님의 음성을 듣기 위해 정해진 시간에 금식기도를 했습니다. 열심히 산에 올라가서 금식기도를 했는데, 기도 후에 보니 기도의 응답을 받지 못했습니다. 주님의 음성을 못 들었습니다. 화가 나며 짜증도 났습니다. 그 상태로 산에서 내려왔고 만나는 사람마다 시비를 걸고 다투며 싸우기까지 했습니다. 그러던 어느 날, 정신을 잃고 예수님을 만났습니다. 그리고 이렇게 물었습니다. "주님, 제가 기도할 때 왜 오시지 않고 대체 어디에 계셨습니까?" 그랬더니 예수님이 이렇게 대답하셨습니다. "난 네가 기도를 마치자마자 찾아갔었다. 그런데 너는 사람들과 다투고 있더구나." 죄의 문제가 해결되지 않으면 기도가 어떻게 응답되었는지, 이것이 응답되는 기도인지 알지 못합니다. 하나님이 주시는 은혜와 평강을 누리지 못한 상태에서 하는 기도는 참된 기도가 아닙니다.

먼저 우리는 주기도문으로부터 기도를 배웁니다. 주기도문은 예수님이 하신 기도가 아닙니다. 제자들이 예수님의 기도가 능력임을 깨닫고, 자신들의 기도와 다름을 알고, 예수님에게 가르쳐 달라고 간청하여 배운 기도입니다. 그것이 주기도문입니다. 주기도문으로부터 우리는 기도를 배우며, 바른 기도를 시작합니다. 그리고 예수님의 기도로부터 기도를 배워야 합니다. 이것은 가장 위대하고 완전한 기도입니다. 신약성경 곳곳에 예수님의 기도가 기록되어 있습니다. 무엇보다도 가장 위대한 기도를 하나 꼽으라면, 요한복음 17장입니다. 17장 전체가 기도문입니다. 이 기도를 묵상함으로써 이 기도가 나의 기도가 되어야 합니다. 무엇을, 어떻게, 어떤 마음으로 기도하셨는지 기도의 방식을 배우고 그 기도를 나의 기도로 삼아야 합니다.

예수님의 기도의 핵심들

요한복음 17장 전체에 나오는 예수님의 기도는 먼저 예수님 자신의 기도였습니다. 자신과 하나님의 관계에서 기도합니다. 그리고 중보기도를 하셨습니다. 1절에서 5절까지는 자신의 기도이며, 6절부터 26절까지는 중보기도입니다. 계속해서 읽어보십시오. 제자들을 위한, 그리고 제자들로 인하여 믿음을 가진 모든 하나님의 자녀들을 위한 중보기도를 하십니다. 지금도 이 기도를 하고 계십니다. 여기서 예수님이 기도하실 때의 상황을 인식할 필요가 있습니다. 십자가를 지시기 전날 밤에 하신 기도입니다. 십자가를 직면하고 기도하십니다. 세상을 떠날 때가 됐습니다. 구체적으로 제자들과 헤어질 때가 됐습니다. 3년 동안 함께했지만, 제자들을 떠나시려고 할 그런 상황에 기도하십니다. 십자가를 직면했고 세상을 떠나야 할 때가 오심을 알았기 때문입니다.

무엇보다도 제자들에게 이 선언을 알려주었습니다. 그랬더니 제자들이 근심합니다. 온통 근심으로 가득 차 있습니다. 그 마음을 아시고 기도하셨습니다. 즉 예수님은 요한복음 17장의 기도를 소리 내어 기도하셨습니다. 혼자만 듣는, 혼자만 아는 기도가 아니라 제자들로 알게 하셨습니다. 제자들의 마음은 근심으로 가득했습니다. 다시는 볼 수 없다고 하시는데 무슨 뜻인지도 모르겠고, 그래서 근심만 가득했습니다. 그러한 제자들을 예수님께서 기도로 위로하십니다. 예수님이 그들을 위해 어떤 기도를 하셨는지 알게 하십니다. 궁극적인 목적은 기도를 계시해 주는 것입니다. 예수님의 기도는 하나님이 가장 기뻐하시는 기도가 어떤 방식으로 무엇을 기도하는 것인지를 알게 하시기 위한 중보기도입니다.

그래서 본문 시작 전에 성경은 이렇게 기록합니다. "이 말씀을 하시고." 한마디로 '이 말씀'을 하시고 기도하셨다는 것인데, 이 말씀이란 요한복음 13장에서 16장까지에 걸친 사건과 말씀을 말합니다. 한마디로 최후 설교를 하시고 기도하셨습니다. 이는 가장 중요한 기도의 방식입니다. 말씀하시고 기도하셨습니다. 항상 하나님으로부터 기도가 시작됩니다. 하나님을 인식하고 하나님의 말씀을 깊이 묵상하며 기도하셨습니다. 이것이 성령으로 하는 기도입니다.

그러나 잘못된 기도는 먼저 나로부터 기도가 시작됩니다. 세상으로부터 기도가 시작되는 것입니다. 이 문제를 해결해야 합니다. 이런 것들을 꽉 붙잡고 기도하는 것은 하나님을 협박하는 것입니다. 하나님이 잘못했다며 야단치는 것과 똑같습니다. 잘못된 기도입니다. 바른 기도는 항상 말씀을 묵상하고 하나님으로부터 기도를 시작합니다. 예수님은 성령 충만하여 복음을 선포하셨습니다. 장시간에 걸쳐서 하나님의 말씀을 깊이 전하셨습니다. 그리고 기도하셨습니다. 바른 기도란 항상 하나님을 인식하고 하나님의 말씀을 묵상하면서 그 속에서 기도하는 것입니다. 이 거룩한 습관을 통해서 바른 기도의 사람이 되어 갑니다.

하나님을 바라보며 드리는 기도

그리고 성경은 기록합니다. "눈을 들어 하늘을 우러러 이르시되." 성도 여러분, 예수님은 땅을 보며 기도한 것이 아닙니다. 눈에 보이는 사건과 상황을 생각하며 기도하신 것이 아닙니다. 모든 것을 다 아시지만, 경험하고 계시지만, 다 내려놓으시고 기도의 대상을 바라보셨습니다. 위를 보셨습니다. 보이지 않는 하나님을 인식하며, 하나님만을 소망하며 기도하셨습니다. 이것이 구별된 기도입니다. 주기도문에서 이미 이것을 우리에게 가르쳐주셨습니다. 첫 시작이 "하늘에 계신 우리 아버지여"입니다. 땅을 보는 것이 아닙니다. 하늘에 계신 하나님께 기도하셨습니다. 하나님을 경외함으로 기도하셨습니다. 하나님을 경외할 때 경외하는 만큼 기도하게 됩니다. 하나님으로부터 기도가 시작됩니다. 우리의 기도를 들으시는 분이 누구입니까? 하나님이십니다. 하나님을 보려면 하늘을 보아야 합니다. 눈에 보이는 사람과 세상의 사건을 보는 것이 아닙니다. 그 위를 보아야 합니다. 예수님은 그렇게 기도하셨습니다. 기도를 들으시는 분이 누구이신지 알고, 그 기도에 응답하시는 분이 누구이신지를 명확하게 알며 기도하셨습니다.

저는 주일예배 때 대표기도를 하는 분에게 항상 반복된 말씀을 드립니다. "기도를 들으시는 분은 성도들이 아닙니다. 전혀 아닙니다. 오직 기도를 들으시는 하나님만을 보세요. 하나님 앞에 나 홀로 있다고 생각하세요. 그런 경외하는 마음으로 기도하시고, 예배드리시기 바랍니다." 그것이 기도입니다. 하나님으로부터 시작되는 기도입니다.

그리고 예수님께서 이제 구체적인 기도를 시작하십니다. "아버지여!" 가장 중요한 기도의 주제입니다. '하늘에 계신 아버지여', 하나님 아버지와 나, 하나님과 기도자의 관계가 명확해야 합니다. 예수님은 아버지께 기도하십니다. 아들로서 아버지께 기도하십니다. 이 관계를 인식하는 것이 기도의 가장 중요한 요소입니다. 이 사실을 믿어야 합니다. 추상적인 하나님이 아닙니다. 이제 자녀로서 아버지께 기도하는 것입니다. 이런 친밀하고 바른 관계 속에서 확신을 가지고 기도합니다. 그리고 그 아버지가 누구인지를 압니다. 창조주시며 전지전능하신 하나님이시요, 은혜와 사랑이 충만하신 하나님이십니다. 그 하나님을 아는 지식만큼 우리는 기도하게 됩니다. 예수님은 하나님과 동등한 분입니다. 창세 이전부터 같이 계신 분입니다. 예수님은 그 아버지께 기도하십니다. 지금 육신을 입으시고 세상에 계시지만, 곧 아버지께로 가실 것입니다. 그 아버지께 기도하십니다. 아들 하나님으로서 아버지 하나님께 기도하십니다. 여기서 기도가 시작됩니다.

성도 여러분, 여러분은 하나님과의 관계를 항상 인식하며 기도하십니까? 여러분은 누구에게 기도합니까? 무엇보다도 어떻게 하나님의 자녀가 되어 거룩하신 하나님을 아버지라 부르며 기도하는 것입니까? 오직 예수 그리스도의 은혜로 말미암아, 하나님의 강권적 은혜와 사랑으로 말미암아 믿음으로 하나님의 자녀가 되었습니다. 이 사실을 인식함으로 기도하는 것입니다. 우리에게 베푸신 은혜와 사랑을 기억함으로써 아버지 하나님께 기도하는 것입니다. 얼마나 감사합니까? 그 안에 만족과 기쁨과 찬양이 충만할 것입니다. 그 상태로 기도하는 것이 바른 기도입니다. 이미 수많은 문제가 우리에게 있습니다. 예수님께도 있었습니다. 성경에서 보듯이 하나님의 사람에게도 다 있었습니다. 그러나 하나님께서 다 아십니다. 그러므로 살아 계신 하나님을 인식하며 아버지 하나님께 기도해야 합니다.

세상의 모든 종교에서 열심히 기도하고 또 기도를 가르치지만 헛된 기도가 되는 이유가 무엇입니까? 바로 아버지 하나님이 누구신지를 모르기 때문입니다. 하나님과 자녀의 관계가 아닙니다. 하나님의 은혜와 사랑을 알지 못합니다. 그러면 아무것도 아닌 것이 됩니다. 우상에게 하는 기도일 뿐입니다. 기도의 응답이 없습니다. 그러나 성령께서는 우리 안에서 아버지 하나님께 기도하게 하십니다. 내가 어떻게 아버지 앞에 자녀로 설 수 있는지, 자녀 된 존재임을 인식하는지 깨닫게 하시며 아버지를 향해 바른 기도를 시작하게 우리를 만들어 가십니다.

바른 기도의 목적과 내용

계속해서 기도의 목적과 기도의 내용이 나옵니다. 17장 전체가 이것을 말하지만, 그 전체를 함축하면 그것은 바로 '하나님께 영광'입니다. 예수님께서 제일 먼저 그 기도를 하십니다. 전체 기도가 오직 하나님께 영광 돌리려는 마음으로 충만해져 있습니다. 그러한 상태에서 기도하십니다. 이것이 예수님의 관심이요, 목적이며, 열정입니다. 나머지는 차선입니다. 오직 하나님 아버지께 영광, 아버지의 이름이 거룩히 여김을 받으시는 것, 아버지를 영화롭게 해드리는 것입니다. 그것이 옳습니다. 그 마음으로 기도하십니다. 그래서 이런 기도문이 기록됩니다. "아들로 아버지를 영화롭게 하옵소서." 이것이 예수님의 기도 전체의 핵심이며, 가장 원하시는 첫 번째 기도 내용입니다.

성도 여러분, 예수님 자신의 뜻과 소원이 이루어지는 기도가 아닙니다. 세상의 문제를 해결하는 것도 중요하겠지만, 그것이 우선일 수 없습니다. 오직 하나님께 영광을 드리는 것으로 가득 차 있습니다. 왜냐하면 하나님이 이 모든 상황을 이미 알고 계시기 때문입니다. 그 하나님께 기도하는 것입니다. 오직 하나님께 영광, 그 중심으로 예수님은 기도하십니다.

성도 여러분, 잠시 생각해 보십시오. 나와 모든 사람의 가장 깊은 고통과 절망과 두려움의 원인이 무엇입니까? 물론 눈앞에 닥쳐온 불행과 질병과 고통스러운 사건일 수 있습니다. 그런데 더 깊은 차원에서 영적으로 한번 생각해 보십시오. 그 원인은 하나님께 영광 돌리지 못했다는 데서 비롯됩니다. 모든 피조물은 하나님께 영광을 돌려야 함이 마땅합니다. 하지만 그러지 못하고 대신 나의 영광, 나의 행복, 나의 성공을 구하면 거기서 스스로 고통 받고 불행에 직면할 수밖에 없습니다. 예수님은 오직 하나님께 영광을 구하셨습니다. 십자가를 앞에 놓으시고도 오직 하나님께 영광, 온 세상의 부정부패를 보시며 바리새인과 종교 지도자들의 타락을 보시면서도 오직 하나님께 영광을 기도하셨습니다. 이것이 예수님의 기도입니다. 그래서 이렇게 기도를 시작하십니다. "아들을 영화롭게 하소서."

지금 자신의 행복과 성공을 위해서 이렇게 기도하시는 것이 아닙니다. 예수님이 영화롭게 되어야 하는 이유는 하나님의 영광을 나타내기 위해서입니다. 그것뿐입니다. 생각해 보십시오. 하나님께 영광이라고 말하지만, 자신이 엉망진창이 되면 하나님의 영광을 가리게 됩니다. 정말 하나님의 영광이 나타나기를 바라고 하나님께 영광 돌리는 삶이 나타나기를 바라지만, 자신이 하나님의 자녀답게 살지 못하고 하나님의 뜻에 불순종한다면 하나님의 영광을 가리고 맙니다. 그래서 지금 예수님은 자신을 통해서 하나님께 영광 돌리려고 하십니다. "나를 영화롭게 하사 하나님이여 영광을 받으소서." 자기의 영광이 목적이 아닙니다. 오직 하나님께 영광을 돌리시기 위해서 "나를 영화롭게 하소서!" 하고 기도하십니다. 이것이 하나님이 기뻐하시는 기도입니다.

예수님을 영화롭게 하는 기도

그러면 예수님을 영화롭게 하는 것이 구체적으로 무엇입니까? 성경 전체로 보면, 세 가지를 말할 수 있습니다. 첫째, 지금 눈앞에 있는 십자가입니다. 십자가의 사건은 형벌이요, 치욕이요, 수치요, 고통과 죽음의 사건입니다. 이것을 넉넉하게 감당해야 합니다. 이것은 눈에 보이는 형벌일 뿐만 아니라, 하나님의 진노가 나타난 사건으로 이것을 다 짊어지셔야 했습니다. '십자가를 피하게 해주세요.' 이것이 아닙니다. '십자가를 감당하게 해주소서.' 그래야 하나님께 영광이 돌아가니까요. 이것이 예수님의 기도입니다. 그리고 두 번째로 부활입니다. 그야말로 이는 하나님께서 행하시는 일인데, 십자가에 죽으시고 부활하지 못하셨다면 그것으로 끝입니다. 부활로 이어져야 합니다. 그것이 하나님의 약속이요 복음의 완성입니다. 그런데 부활이 없다면, 십자가의 역사와 복음, 그리고 진리가 다 헛것이 됩니다. 그래서 이렇게 기도하신 것입니다. "나를 하나님의 뜻대로 부활하게 하셔서 나를 영화롭게 하시고, 아버지여 홀로 영광을 받으옵소서." 마지막 세 번째로 승천입니다. 승천하지 않으면 복음의 완성도가 떨어집니다. 살아 계신 예수님께서 어디로 가시겠습니까? 땅속으로 가시겠습니까, 어디로 가시겠습니까? 부활하셔야 합니다. 그래야 역사의 주인이 되시고, 온 역사를 통하여 복음이 충만히 나타나게 됩니다. 그래서 "승천하여, 나로 영화롭게 되어 나로 말미암아 아버지께 영광을 돌리게 하소서"라고 기도하신 것입니다.

성도 여러분, 예수님께서 가르치시는 주기도문에 이미 이 기도의 방식이 기록되어 있습니다. 첫 기도문이 무엇입니까? "이름이 거룩히 여김을 받으시오며." 하나님의 이름은 항상 거룩하십니다. 하나님은 홀로 영광 받으시기에 합당하신 분입니다. 그런데 우리에게 이렇게 기도하라 하십니다. '이름이 거룩히 여김을 받으시오며.' 그 의미는 '하나님께 영광을 돌리게 하소서'입니다. 구체적으로 말하면 '기도자인 나를 통하여 하나님의 이름을 영화롭게 하소서. 하나님께 영광 돌리게 하소서'입니다. 그 기도를 하라고 가르쳐주셨습니다. 이것이 예수님의 기도입니다.

오래전에 있었던 일입니다. 세계적인 자동차 회사인 미국의 제너럴 모터스가 처음 자동차를 만들었을 때, 핵심 엔지니어인 찰스 캐터링이라는 사람의 일화입니다. 그의 기술로 놀라운 일이 있었으므로 그는 회사뿐만 아니라, 지역사회와 나라에서 아주 큰 명예를 얻었습니다. 큰 모임에서 사회자가 그를 초대했는데, 모임 중에 앞으로 불러 갑자기 그의 손을 잡아 높이 들더니 물었습니다. "이 손으로 하신 일 중 가장 중요한 일이 무엇이었습니까?" 사회자와 그곳에 있던 사람들은 그가 '자동차 만든 것, 자동차를 발명한 것'을 말할 줄 알았는데, 그는 이렇게 대답했답니다. "이 손으로 한 일 중 가장 중요한 것은 두 손을 잡고 하나님께 기도한 일이었습니다."

성도 여러분, 잊지 마십시오. 하나님은 기도를 들으시고 기뻐하십니다. 그리고 기도를 통하여 역사하십니다. 성경에는 그렇게 기록되어 있습니다. 예수님께서 그래서 기도하셨습니다. 하나님께서 그 기도를 들으시고 역사하셨습니다. 그리고 기도를 통해서만 하나님의 뜻을 분별하고, 하나님께 영광 돌리는 삶을 시작하고 완성할 수 있습니다. 그러니 인생에 있어서 하나님의 자녀에게서 가장 중요한 것은 기도입니다.

하나님의 사람인 아우구스티누스의 『고백록』에 그의 어머니 모니카가 꾼 꿈에 대한 기록이 나옵니다. 모니카는 항상 아들을 위해서 밤새 울며 기도했습니다. 어느 날 꿈에 나무로 만든 큰 잣대 위에 자기가 서 있는 것을 보았습니다. 그때 한 젊은 청년이 와서 "왜 이렇게 슬퍼하십니까?"라고 물었습니다. 모니카는 대답했습니다. "아들이 타락한 길로 가서 하나님을 경외하지 않고 저렇게 자기의 영광을 구하며 세상으로 나가 사는데 어찌 슬퍼하지 않을 수가 있겠습니까?" 그렇게 말했더니 이 청년이 "다시 한 번 아들의 얼굴을 자세히 보세요"라고 말했습니다. 그래서 아들을 자세히 찾아보니까 자기 옆에 있었습니다.

잠에서 깬 모니카는 당시 가장 존경받는 하나님의 사람 암브로시우스 대주교를 찾아갑니다. 그리고 암브로시우스 주교를 붙들고, "우리 아들 좀 붙들어주세요. 아들을 좀 교정시켜 주세요. 아들에게 복음을 전하고, 간절히 붙잡고 권면하셔서 하나님의 자녀를 좀 만들어 주세요. 제발 부탁입니다"라고 간청했습니다. 그랬더니 암브로시우스가 짜증 섞인 목소리로 모니카에게 말했습니다. "잘 될 터이니 그만 돌아가시오. 그처럼 눈물의 자식은 결코 멸망하지 않습니다." 그렇게 간절하게 하나님께 기도하면서, 왜 이렇게 불안해하며 떨고 울부짖느냐는 것이었습니다. 성도 여러분, 바른 기도는 반드시 응답됩니다. 하나님의 약속입니다. 성도의 기도를 들으시며 기뻐하십니다. 그 기도 안에서 하나님이 역사하십니다. 이것이 하나님이 움직이시는 행동의 방식입니다.

예수님의 기도를 단 한마디로 정의하라면 신학적으로 이렇게 정의할 것입니다. '예수님은 복음의 기도를 하신 분이다.' 예수님은 하나님 나라의 기도를 하신 분입니다. 처음부터 끝까지, 그 모든 태도와 목적과 관심과 방식이 하나님 나라의 기도입니다. 오직 하나님의 뜻을 구하셨습니다. 복음으로 충만하여 기도하셨고, 성령으로 충만하여 기도하셨고, 하나님으로 충만하여 기도하셨습니다. 하나님의 주권과 통치와 구원의 역사가 나타남을 충만히 인식함으로 기도하셨습니다. 오직 하나님께 영광, 그 열정과 관심으로 기도하셨습니다.

성도 여러분, 그리스도인의 기도가 이와 같아야 합니다. 영생을 소유한 사람은 예수님의 기도를 모델로 그분의 기도방식을 배우며, 그분의 마음과 태도와 관심과 기도의 목적을 배우며, 복음의 기도로 하나님께 응답된 기도의 확신을 가지고 하나님의 역사를 체험하며 오늘을 살아가야 합니다. 기도를 통해서 점점 하나님의 뜻에 일치된 기도를 하며, 하나님의 은혜와 사랑을 체험하며, 하나님의 역사의 소중한 책임 있는 하나님의 자녀 됨을 인식하며, 이 땅에서 복음의 증인으로 승리해야 할 것입니다.

기도

전지전능하신 은혜의 하나님, 오직 예수 그리스도를 나의 구주로 고백하고, 하나님의 복음을 믿음으로 하나님의 자녀가 되게 하시어, 이제야 비로소 바른 기도의 사람으로 하나님께 상달되는, 응답되는 기도의 확신을 가지고 오늘을 살게 해주심을 진심으로 감사드립니다. 성령께서 깨어 기도하게 하시고, 그리스도의 기도를 본받는 자로, 그 기도가 나의 기도가 되게 하시며, 하나님의 뜻에 일치하는 기도로, 오직 하나님께 영광 돌리는 열정과 목적을 가지고, 기도의 사람으로 오늘을 살게 해주심을 진심으로 감사드립니다. 기도로 삶을 시작하고 마침으로, 하나님의 은혜와 사랑을 충만히 깨닫고, 하나님 나라의 기도로 승리할 수 있는 모든 주의 자녀 되게 복을 내려주시옵소서. 우리 주 예수 그리스도의 이름으로 간절히 기도드리옵나이다. 아멘.

02

영생을 주게 하시려고

아버지께서 아들에게 주신 모든 사람에게 영생을 주게 하시려고 만민을 다스
리는 권세를 아들에게 주셨음이로소이다 영생은 곧 유일하신 참 하나님과 그
가 보내신 자 예수 그리스도를 아는 것이니이다

– 요한복음 17:2-3

02

영생을 주게
하시려고

　로마 황제 콘스탄티누스 1세가 하루는 로마에서 통용되는 동전을 가지고 이리저리 깊이 살펴본 후에 담당 부하를 불렀습니다. 그리고 동전에 새겨진 황제들의 모습을 모두 바꾸라고 명령했습니다. 당시 로마의 동전에 새겨진 황제들의 모습은 모두 근엄하게 서 있는 모습이었습니다. 그런데 그것을 신에게 무릎 꿇는 모습으로 모두 바꾸라는 명령이었습니다. 그리고 그 이유를 이렇게 말했습니다. "하나님 앞에 무릎 꿇고 기도하느냐 하지 않느냐에 따라서 우리의 운명이 달라진다. 그것이 내가 승리한 방법이기 때문이다." 그는 로마제국을 기독교 국가로 바꾼 인물이요, 국가적으로 많은 업적을 남긴 왕으로 기록되었습니다. 깊이 생각해 보시기 바랍니다.

성도 여러분, 그리스도인은 기도의 사람으로 변화된 사람입니다. 그리스도인은 참으로 기도의 중요성을 알고, 하나님께서 기도를 통하여 역사하심을 확신하며, 오직 하나님을 경외하는 마음으로 기도하며 오늘을 살아가는 사람입니다. 성령께서 내 안에 계셔서 기도의 본질을 알게 하시고, 기도의 중요성을 알게 하시며 깨어 기도하게 하십니다. 성령께서 믿음으로 예수 그리스도 안에서 연합하여 하나님 중심의 기도를 하며, 복음적 기도를 하며, 기도 응답의 확신을 가지고 이 땅에서 승리하도록 인도하고 계십니다. 이것을 항상 기억해야 합니다.

기도에 대한 태도들

오늘날 기독교 안에서 기도 생활을 보면 두 가지 극단적인 현상이 나타납니다. 한 부류는 '기도는 너무 어렵다'이고 또 한 부류는 '기도는 너무 쉽다'며 자랑하는 경우입니다. 둘 다 잘못되었습니다. 기도가 너무 어렵다고 하는 부류는 기도의 본질이 무엇인지를 모르는 것입니다. 그리고 기도의 응답에 대한 확신도 없습니다. 반면에 기도가 쉽다며 자신의 기도의 행위를 자랑하는 사람이 종종 있습니다. '나는 오랜 시간 기도할 수 있고, 규칙적인 기도를 하고, 철야기도를 하고, 금식기도를 하고, 열정으로 기도하고.' 그런데 예수님께서는 기도에 대해 이렇게 말씀하셨습니다. "중언부언하지 말고, 사람 앞에서 기도하지 말고, 사람 앞에서 기도를 자랑하지 말고, 네 골방으로 들어가 은밀하게 기도하라."

성도 여러분, 기도에 있어서 가장 중요한 일은 그 기도를 하나님께서 기뻐하시며 응답하시는지, 그 기도를 통해서 하나님께서 역사하시는지, 그 기도 안에서 하나님의 뜻이 이루어지는지 입니다. 지금 여러분은 응답되는 기도의 체험을 가지고 하나님의 뜻에 합당하며 하나님께서 그 안에서 역사하심을 확신하며 오늘을 살아가십니까?

그래서 기도는 배워야 됩니다. 저절로 되는 게 아닙니다. 기도하는 것은 타고 나는 것도 아닙니다. 말은 잘할 수 있지만, 참된 기도는 아닙니다. 성경으로부터 배우고, 무엇보다도 예수님의 기도로부터 배워야 합니다. 요한복음 17장은 완벽한 예수님의 기도요, 가장 위대한 기도문입니다. 이 안에 기도의 계시가 있습니다. 예수님의 기도를 생각해 보십시오. 100퍼센트 응답된 기도입니다. 그 기도가 사건으로 나타났습니다. 하나님께서 그 기도와 함께 역사하셨습니다. 의심할 여지가 없습니다. 그 기도가 우리의 기도가 되어야 합니다. 예수님이 어떻게 기도하셨고, 무엇을 기도하셨고, 어떤 기도의 방식을 가지고 기도하셨는지를 알고 그것을 따라서 기도해야 합니다.

'모태신앙'이라는 말이 있습니다. 기독교 가정 안에서 태어나 신앙적인 분위기에서 자란 경우를 가리킵니다. 어머니 뱃속에서부터 기도와 말씀으로 태교된 자녀를 말합니다. 그런데 모태신앙이 가진 문제점으로 이런 얘기가 들립니다. 모태신앙인에 해당하는 많은 사람이 아무 것도 못한다는 것입니다. 기도도 못하고, 봉사도 못하고, 전도도 못하고, 은혜도 못 받는다고 합니다. 그래도 꼬박꼬박 주일예배는 참석하는데 어려서부터 습관이 되어서 그렇고, 또 주일헌금도 잘 냅니다. 그럼에도 못하는 게 너무 많습니다. 사람 앞에서는 '나 모태신앙이에요'라고 자랑을 하는데, 하나님 앞에서는 너무 할 수 있는 게 없어서 '못해, 못해' 하다가, 정말 '못해 신앙'이 됐다고 합니다.

성도 여러분, 영적 기도는 배움과 깨달음을 통해서, 예수님을 따라가는 기도를 통해서 새롭게 시작됩니다. 예수님은 참으로 구별된 기도를 하셨습니다. 그분의 기도는 하나님으로부터 항상 시작되었습니다. 우리의 기도는 세상으로부터, 문제 해결로부터 시작됩니다. 하지만 예수님의 기도는 항상 하나님으로부터 시작되었습니다. 이 점이 다릅니다. 그리고 그분은 정말 기도를 통해서, 온 삶을 통해서 하나님의 이름을 영화롭게 하기를 기도하셨습니다. 오직 하나님께 영광 돌리는 것을 삶의 목적으로 기도하셨다는 것을 항상 기억해야 합니다.

하나님이 주신 소명으로 충만한 기도

그래서 구체적으로 예수님은 먼저 하나님 앞에서 하나님의 부르심과 소명으로 충만하여 기도하셨습니다. 그것이 본문 말씀입니다. 이것을 제자들과 우리로 알게 하시려고 공적으로 기도하셨고 성경에도 기록되었습니다. 자신을 향하신 하나님의 뜻을 명백히 앎으로 기도가 시작됩니다. 예수님 당시에도 세상에 엄청난 문제가 있었습니다. 오늘과 비교할 바가 아닙니다. 정치, 경제, 문화, 사회, 교육 등 모든 것이 더 악했고 미흡했습니다. 그럼에도 예수님은 그런 문제를 들고 기도하신 게 아닙니다. 왜냐하면 하나님께서 이미 다 아시는 것이기 때문입니다.

예수님은 하나님의 부르심, 그 소명의식으로 충만하여 그 내용으로부터 기도하셨습니다. 우리도 그런 기도를 해야 합니다. 소명이란 하나님의 부르심입니다. 하나님으로부터 시작됩니다. 우리를 향한 하나님의 뜻, 그 부르심 속에서 우리는 기도를 시작하게 됩니다. 하나님의 부르심이 없다면 하나님의 자녀가 될 수도 없고, 영생을 가질 수도 없고, 천국에 들어가지 못합니다. 정말 하나님의 부르심을 믿고 확신하며 오늘을 살아간다면 그 속에서 기도하게 됩니다. 잘하는 기도, 능숙한 기도를 흉내 내며 따라갈 필요가 없습니다. 먼저 하나님의 부르심을 깊이 묵상하며 소명의식으로 충만해야 합니다. 그럴 때 기도하게 됩니다.

우리는 생을 살면서 시련과 역경, 고통이 있을 때마다 이런 질문을 합니다. '나는 왜 사는가? 어떻게 살아야 하는가? 인생의 참 의미와 목적은 어디에 있는가? 나는 어떻게 살았는가? 앞으로 나는, 내 마지막은 어떻게 될 것인가?' 성도 여러분, 성령께서는 이럴 때마다 우리를 소명으로 돌아가게 하십니다. 하나님께로 돌아가게 하십니다. 거기로부터 진정한 참된 기도를 하게 됩니다. 각자에게 주어진 소명이 있습니다. 각자에게 주어진 달란트와 삶의 목적이 있습니다. 동시에 보편적인 소명이 있습니다. 그것은 바로 복음의 증인으로 오늘을 살아가는 것입니다.

한 수도원에서 수사가 마더 테레사에게 찾아와서 불만을 토로합니다. 선배 수사가 한 명 있는데, 아주 까다로운 율법으로 자신의 선교사역에 너무 간섭을 한다는 것입니다. 자신은 나병환자를 위해 헌신할 사람으로, 나병환자를 위해 일하는 것이 소명인데 자꾸 이런저런 일을 시키고 간섭한다는 것입니다. 그때 테레사 수녀가 웃으며 유명한 말을 남깁니다. "형제님, 당신의 소명은 나병환자를 위한 것이 아니고, 예수님께 속하는 것입니다." 성도 여러분, 이것저것의 소명 이전에 가장 큰 소명은 하나님의 부르심을 인식하고 그 소명으로 들어가는 것입니다. 예수님은 그런 기도를 하셨습니다. 소명의식으로 충만하여 기도하셨습니다. 오늘도 이런 기도를 하고 계십니다. 거듭난 하나님의 자녀는 이 기도가 나의 기도가 되어 이런 기도를 하며 오늘을 살아가야 합니다.

영생을 주게 하시려고

성경 본문에 "영생을 주게 하시려고"라는 고귀한 계시적 선포가 있습니다. 이것이 하나님께서 예수님께 주신 소명입니다. 이러저러한 맡긴 일이 많이 있지만, 그 모든 것의 궁극을 "영생을 주게 하시려고"라는 말 한마디로 정의합니다. 지금은 예수님이 십자가를 지시기 바로 전날입니다. 생애 전체를 통하여 하나님께서 주신 그 부르심의 소명을 따라 기도하고 계십니다. 그래서 2절에서 이렇게 기도하십니다. "아버지께서 아들에게 주신 모든 사람에게 영생을 주게 하시려고 만민을 다스리는 권세를 아들에게 주셨음이로소이다." 이 기도를 예수님은 의도적으로 제자들이 듣게 하셨습니다. 알게 하셨습니다. 무엇이 바른 기도인지를 깨닫게 하시기 위해서입니다. 성육신의 목적, 예수 그리스도가 무슨 일 때문에 이 땅에 왔는지를 최종적으로 다시 계시하십니다. 그리고 이와 같은 기도를 하라고 지금 말씀하고 계십니다.

성도 여러분, 구원의 목적이 무엇입니까? 우리는 부분적인 성경지식을 갖고 있는데, 그건 하나의 과정입니다. 최종적인 구원의 목적은 영생을 얻는 것입니다. 하나님께서 예수님을 이 땅에 보내신 목적은 영생을 주시려는 것임을 성경은 기록합니다. 이것이 예수님의 마지막 기도입니다.

오늘날 많은 기독교인이 '그리스도인'이 누구인지 묻습니다. 그러면서 구원의 확신을 가졌기에 또는 세례 받았기에 그리스도인이라고 말합니다. 하지만 이것도 하나의 과정입니다. 착한 일을 하고, 성경공부를 하고, 선행을 하는 것도 하나의 과정입니다. 교회에 출석하고 헌금을 하는 것도 하나의 행위일 뿐입니다. 종종 조금 더 차원이 높으면 이렇게 말합니다. '죄 사함을 얻기 위해서.' 그건 시작일 뿐입니다. '하나님의 의를 받기 위해서.' 조금 수준 높은 차원일 뿐입니다. 하나님의 자녀가 되기 위해서는 그 이상이 있어야 합니다. 그 최종 계시가 "영생을 주게 하시려고"입니다.

성도 여러분, 여러분은 영생을 받았습니까? 그 영생과 함께 죄 사함의 역사가 시작되고, 하나님의 의를 받고, 은혜와 진리를 체험합니다. 하나님의 계시를 알고, 하나님의 뜻을 분별하고, 천국에 들어가고, 영생의 삶을 삽니다. 이 모든 것이 함께 이루어지는 것입니다. 그런데 영생을 받지 못했다면 아무리 죄 사함의 은총을 고백하고 하나님의 일을 열심히 해도 독실한 종교인일 뿐입니다. 이것을 잊어서는 안 됩니다.

인류의 상태를 알아야 합니다. 예수님이 오신 그 때의 상태는 한마디로 영생이 없는 상태입니다. 그래서 성경은 말씀합니다. "의인은 없나니 하나도 없다." 착한 사람은 많습니다. 하나님의 일에 애쓴 사람들도 많았습니다. 그러나 하나님 보시기에 의인은 하나도 없습니다. 모두가 하나님 앞에 진노의 자녀입니다. 심판의 대상이 되고 말았습니다. 왜 그런 일이 있습니까? 성경은 말씀합니다. "죄의 결과다. 사탄의 역사로 말미암아 모두가 세상에 속한 자로 세상의 종이 되었다." 한마디로 영생이 없습니다. 그래서 예수님께서 이 땅에 오시어 영생을 주려 하십니다. 이를 잊어서는 안 됩니다.

창세기의 선악과 사건을 생각해 보십시오. "따먹으면 정녕 죽으리라." 하나님께서 말씀하셨습니다. 이 말씀이 추상적으로 들리십니까? 정말 죽었고, 죽어갑니다. 영생을 잃어버렸습니다. "죄의 결과로 정녕 죽으리라." 영생이 죽었습니다. 계속 죽어가고 있습니다. 그 말씀 그대로 하나님의 은혜를 우리에게 베푸셔서 영생을 주시기로 하나님께서 계획하시고 실행하셨습니다. 영생이 없이는 하나님과 바른 관계를 맺지도 못하고, 아무리 밤새 기도하고 철야기도하고 해도 다 헛것입니다. 단지 종교적 기도입니다. 열심이 있는 독실한 종교인일 뿐입니다. 영생과 기도는 절대적 관계가 있습니다. 어떤 의미에서 영생을 가진 자만이 바른 기도를 할 수 있습니다. 영생이 무엇인지를 알고, 영생을 어떻게 받았는지를 안다면 저절로 깨어 기도하게 됩니다. 거기로부터 참된 기도의 사람이 됩니다. 예수님께서 지금 이것을 우리에게 알려주십니다.

영생의 비밀을 아는 기도

그래서 영생이란 무엇입니까? 성경에서 영생의 비밀에 대한 가장 정확한 정의가 3절에 기록됩니다. 이것은 예수님의 기도문입니다. "영생은 곧 유일하신 참 하나님과 그가 보내신 자 예수 그리스도를 아는 것이니이다." 이 말씀은 절대 잊어서는 안 됩니다. 꼭 기도할 때마다 항상 이 말씀을 묵상해야 합니다. 한마디로 하나님과 예수님을 아는 것이 영생입니다. 다시 말해서, 영생이란 하나님과 예수 그리스도를 아는 것이므로 영생이 없다면 하나님과 예수 그리스도를 알지 못합니다. 하나님을 아는 지식이 없다는 것은 영생을 받지 못한 것입니다. 즉 영생과 하나님을 아는 지식은 절대적인 관계입니다. 그래서 우리 안에 기쁨과 안식과 평강이 없다면, 물론 어려운 상황 때문이기도 하겠지만 성령 안에서 기도하라고 이 말씀을 주십니다. 영생의 중요성을 알지 못해서, 영생이 무엇인지를 아직도 충만히 알지 못했기 때문에 기쁨과 안식을 빼앗긴 것입니다. 이제 예수님께서 하나님을 아는 지식을 이렇게 말씀해 주십니다. 아주 간단명료합니다. 성경 전체가 하나님을 아는 지식으로 기록되어 있지만, 예수님은 기도하시며 제자들이 알기 원하십니다. 오직 두 언어를 쓰십니다.

먼저는 "유일하신 하나님"입니다. 이 세상에 수많은 신들이 있습니다. 수많은 종교가 있었고 계속 나타날 것입니다. 그러나 오직 한 분이신 여호와 하나님은 그야말로 한 분입니다. 그분만이 창조주이시고 역사의 주인이시며 심판하시는 하나님이십니다. 그분만이 구원하시는 하나님입니다. 오직 한 분이신 하나님, 그 하나님을 알고 믿을 때 우리는 기도하게 됩니다. 그래서 영생이 없다면 오직 한 분이신 하나님을 알 수도, 확신할 수도 없습니다. 다른 신들은 다 가짜입니다. 이 확신 속에 우리는 기도하는 것입니다.

또 예수님은 "참 하나님"을 선언하고 있습니다. 곧 "진실하신 하나님"입니다. 성경에 기록된 대로 하나님의 존재와 성품과 역사, 하나님의 은혜와 사랑과 진리는 모든 게 진실합니다. 참입니다. 반면 세상의 그럴듯한 종교적 가르침은 다 가짜입니다. 거짓이고 추상적입니다. 인간이 만든 것입니다. 오직 하나님만이 참되십니다. 이 지식과 믿음을 가질 때 기도하게 됩니다. 기도할 수밖에 없습니다.

그리고 예수님은 스스로 성육신한 하나님, 창세 전에 하나님과 함께 있었으나 이 땅에 온 하나님의 아들이라고 계시하십니다. 또한 유일한 구세주이며 구주이심을 계시하십니다. 그리고 유일한 하나님의 계시자임을 계시하십니다. 많은 표현으로 스스로를 계시하셨습니다. 그 예수 그리스도를 알 때 우리는 기도하게 됩니다. 영생을 소유한 자임을 확신하게 됩니다. 영생을 소유하여야만 그리스도를 아는 지식을 가질 수 있습니다. 결론적으로 오직 예수 그리스도 안에서만 하나님을 아는 지식의 충만함에 이르게 됩니다. 그리스도를 아는 지식의 충만함에 이르러야 하나님을 아는 지식의 충만함에 이르게 됩니다. 그래서 모든 그리스도인은 항상 먼저 예수 그리스도를 알아야 합니다. 예수 그리스도가 누구시며 무슨 일을 하시는지를 안다면, 그리스도를 아는 지식의 충만함에 이른다면 저절로 그 안에 성령께서 하나님을 아는 지식을 우리에게 주십니다. 이것을 경험하고 확신하며 오늘을 살아가는 것입니다. 우리는 그때 비로소 진정한 기도를 하게 됩니다.

바른 앎에서 시작하는 기도

그래서 예수님께서 요한복음 14장 6절에서 말씀하십니다. "내가 곧 길이요 진리요 생명이니 나로 말미암지 않고는 아버지께로 올 자가 없느니라." 그리고 9절에서 곧바로 말씀하십니다. "나를 본 자는 아버지를 보았느니라." 성도 여러분, 이 지식을 알고 가질 때 기도하게 됩니다. 항상 바른 기도의 시작이 하나님을 알고, 예수님을 아는 지식으로부터 시작됩니다. 문제는 안다는 것입니다.

예수님을 아는 것에 대한 중요한 이해가 있습니다. 오늘 우리가 안다는 것과는 좀 차원이 다릅니다. 성경 전체를 보면 세 가지가 있는데, 첫째는 먼저 이성적 깨달음을 말합니다. 진리는 이성적으로 듣고, 생각하고, 깨닫는 것입니다. 이 진리는 느낌으로 알 수 있는 것, 체험할 수 있는 것이 아닙니다. 깨달음을 통해서 시작됩니다. 요즘 시대는 이것을 건너뛰어 곧바로 진리로 가고자 몸부림치는데, 보고 느끼는 것으로는 진리가 진리 되지 못합니다. 여기서 예배가 빗나갑니다. 하나님의 말씀이 들리는 예배는 듣고 깨닫는 것입니다. 그래서 오히려 눈을 감아야 합니다. 일상에서 한번 경험해 보십시오. 눈을 감아야 더 하나님을 아는 지식을 깨달을 수 있습니다. 그리고 그 이성적 깨달음을 넘어가야 합니다.

그래서 두 번째는 관계적 지식입니다. 그 진리가 이젠 내 삶에 적용됩니다. 내가 믿고 알았으니까 체험되고 순종하게 됩니다. 관계를 맺는 것입니다. 그래서 성경은 안다는 것을 부부 사이의 동침에 비유하여 사용합니다. 남녀가 결혼해서 부부가 되어 서로를 알았습니다. 이것은 이성적인 깨달음임과 동시에 관계적인 지식입니다. 여기까지 가야 아는 것이라고 할 수 있습니다.

그리고 세 번째는 그 이상입니다. 새로운 인생으로 나타나는 지식입니다. 하나님을 아는 지식을 알고 믿을 때 결과가 나타나지 않을 수가 없습니다. 열매를 맺습니다. 삶의 결과로 나타납니다. 하나님을 아는 지식에 충만할 때 기도의 사람으로 변화됩니다. 기도하지 않을 수가 없습니다. 복음의 사람으로 변합니다. 성령의 열매를 맺습니다. 하나님께 영광 돌리는 삶이 나타나게 됩니다. 예수님께서 이러한 기도로 기도하셨고, 제자들과 모든 그리스도인이 이러한 기도를 알고 기도하도록 듣게 하시고 계시하신 것입니다.

조선시대의 왕손 이재형 대감의 일화입니다. 이것은 한국 기독교사의 유명한 사건입니다. 그는 을사조약이 체결되자 크게 슬퍼하며 왕손의 모든 권리를 포기하고 전국을 떠돌아다닙니다. 상심이 정말로 컸습니다. 한번은 명절에 성묘하러 서울로 올라왔을 때, 우연히 엄귀현이라는 마부를 만나게 됩니다. 그 마부가 왕손 이재형을 모십니다. 그는 왕손을 모시고 다니는 것을 영광스럽게 생각합니다. 이 마부는 이미 예수 그리스도를 영접한 하나님의 자녀였습니다. 그래서 극진히 모시다 헤어질 때가 되었을 때 기도하며 굳게 결심합니다. '이분에게 복음을 전해야 되겠다.' 그리고 이렇게 말했습니다. "나리, 황송하오나, 다시는 나리를 뵐 수 없을지도 몰라 한 말씀만 올리겠습니다. 성경을 보면, 우리를 위해 예수님이 이 땅에 오셨다는 말씀이 있습니다. 또 그분을 믿으면 영생을 얻습니다. 나리도 예수 믿고 영생을 선물로 받으십시오."

엄귀현의 이 말을 들은 이재형은 크게 화를 냈습니다. "참으로 황당한 말이구나! 그래, 예수를 믿으면 마부가 양반이

된단 말이냐?" 다시 마부가 말합니다. "아닙니다. 제가 예수님을 믿는 것은 마부가 양반이 되고자 하는 것이 아니라, 마부 노릇을 잘하기 위해서입니다." 마부의 대답과 태도에 너무나 불쾌감을 느낀 이재형은 "이 건방진 자식!" 하고 돌아섰습니다. 그런데 시간이 흐를수록 그의 담대함과 진지한 호소에 자꾸 끌렸습니다. 그래서 아내와 함께 교회를 갔다가 말씀을 듣고 예수님을 영접합니다. 그리고 훗날 평양신학교를 졸업하고 목회자가 되어 지금 종로에 있는 승동교회의 담임목사가 됩니다. 왕족으로는 최초로 목사까지 된 인물입니다.

성도 여러분, 영생을 소유한 자는 소명의식으로 충만하여 기도하며 복음의 증인으로 하나님께 영광 돌리는 삶을 살게 됩니다. 영생이 무엇입니까? 육신의 생명이 아닙니다. 하나님의 생명입니다. 하나님이 사시는 생명입니다. 그 영생이 우리 안에 있어야만 하나님과 교통하며 기도하기 시작합니다. 그 고귀한 생명을 우리에게 주시고자 예수님께서 이 땅에 오셨습니다.

오직 하나님의 은혜로 얻는 영생

성도 여러분, 어떻게 해야 영생을 얻습니까? 성경은 오직 하나님의 은혜로 말미암아 믿음으로 받는다고 말씀합니다. 오직 복음과 성령의 역사로 말미암아 거듭나야만 영생을 받을 수 있습니다. 어떤 인간의 힘과 노력과 열정과 선행으로 되는 것이 아닙니다. 절대 아닙니다. 이 은혜를 우리는 복음이라고 말합니다. 이것만이 복음입니다. 하나님의 은혜만이 복음입니다. 이 은혜의 복음, 영생의 복음을 믿을 때 우리는 변화됩니다. 성도 여러분, 우리가 변화되는 것입니다. 이 영생이 세상을 변화시키고, 세상을 개혁하고 개선한다고 조금도 생각하지 마십시오. 그런 것이 아닙니다. 그것은 우리의 욕망입니다. 영생은 우리를 변화시키고, 사람을 변화시킵니다.

그 첫 번째 표식이 무엇입니까? 기도입니다. 깨끗한 기도와 바른 기도를 하게 됩니다. 하나님과 나 사이에 기도가 시작됩니다. 다시 말씀드립니다. 하나님과 나 사이에 개입된 것이 없습니다. 내 소원, 내 문제, 세상의 문제, 이런 것이 없습니다. 왜냐하면 하나님이 이미 알고 계신 것을 내가 알고 또 하나님도 아십니다. 이제는 하나님과 나 사이에 다른 것이 개입하지 않습니다. 오직 하나님을 아는 지식뿐입니다. 하나님의 은혜, 하나님의 사랑, 하나님의 복음, 하나님의 영생, 거기로부터 진정하고 깨끗한 기도가 시작됩니다. 예수님은 그 기도를 시작하셨고, 그 기도를 들려주셨습니다. 그리고 우리도 이와 같이 기도하기를 원하십니다. 성령으로 충만하여 영생을 받은 사람은 죽음을 두려워하지 않습니다. 시련과 역경 속에서도 복음의 증인으로 기도하며, 오직 하나님께 영광 돌리는 삶을 시작하게 됩니다.

마르틴 루터의 인생이 그랬습니다. 그는 처음부터 끝까지 수많은 고난과 고통과 억압과 핍박 속에 살았습니다. 그러나 그 속에서 오직 하나님께 영광 돌리는 기도로 복음의 증인되어 승리한 하나님의 사람입니다. 영생을 소유한 사람인 우리는 예수님과 같이 소명의식으로 충만하여 전지전능하신 하나님 앞에 깨어 기도하며, 영생의 복음을 깊이 묵상함으로 바른 기도의 사람으로 승리해야 할 것입니다.

기도

전지전능하신 은혜의 하나님, 오직 하나님의 복음과 성령의 역사로 말미암아 믿음으로 하나님의 자녀가 되어 비로소 기도의 사람이 되게 하심을 진심으로 감사드립니다. 예수 그리스도의 기도를 본받아 하나님의 영광을 흠모하며, 그 영광이 나타나기를 기뻐하며, 하나님 앞에서 소명의식으로 충만하여 영생의 기도를 하게 해주심을 진심으로 감사드립니다. 성령이시여, 수많은 역경과 고난과 원치 않는 일이 우리 앞에 있었고, 앞으로도 있을 것이오나, 그 속에서 참으로 성령께 붙들려 깨어 기도하며, 하나님의 역사가 가능한 기도를 하며, 그 기도의 살아 있는 증거를 확증하며, 진실로 하나님과 동행하며, 하나님께 영광 돌리는 삶이 기도로, 삶으로 나타날 수 있도록 우리를 지켜주시옵소서. 주 예수 그리스도의 이름으로 간절히, 간절히 기도드리옵나이다. 아멘.

주신 일을 내가 이루어

예수께서 이 말씀을 하시고 눈을 들어 하늘을 우러러 이르시되 아버지여 때가 이르렀사오니 아들을 영화롭게 하사 아들로 아버지를 영화롭게 하게 하옵소서 아버지께서 아들에게 주신 모든 사람에게 영생을 주게 하시려고 만민을 다스리는 권세를 아들에게 주셨음이로소이다 영생은 곧 유일하신 참 하나님과 그가 보내신 자 예수 그리스도를 아는 것이니이다 아버지께서 내게 하라고 주신 일을 내가 이루어 아버지를 이 세상에서 영화롭게 하였사오니 아버지여 창세 전에 내가 아버지와 함께 가졌던 영화로써 지금도 아버지와 함께 나를 영화롭게 하옵소서

– 요한복음 17:1-5

03

주신 일을
내가 이루어

저명한 영성신학자였던 헨리 나우웬이 쓴 『영성수업』이라는 책에 나오는 교훈적인 이야기입니다. 어느 머나먼 섬에 세명의 러시아 수사가 살고 있었습니다. 그곳은 아무도 가본 사람이 없던 곳입니다. 그러던 어느 날, 그들의 주교가 처음으로 그 섬을 방문하게 됩니다. 도착해서 보니, 수사들은 주기도문조차 알지 못했습니다. 그래서 주교는 시간과 열정을 다해서 그들에게 주기도문을 가르쳤습니다. 그리고 자신의 목회사역에 만족을 하며 그 섬을 떠나게 됩니다. 배가 섬을 떠나자마자 갑자기 수사들이 나타났는데, 배를 타고 오는 게 아니라 물 위를 가로질러 뛰어오고 있었습니다. 그들은 배를 향해 주교에게 달려오고 있었습니다. 그리고 그들은 주교에게 이렇게 말했습니다. "사랑하는 신부님이 가르쳐주신 기도문을 잊어버렸습니다. 다시 좀 가르쳐주세요."

그런데 주교는 눈앞에 벌어진 광경에 어안이 벙벙해졌습니다. 자신은 그렇게 기도해도 이런 일을 일으켜본 적이 없었기 때문입니다. "사랑하는 형제들이여, 그럼 그대들은 어떻게 기도하며 살아가고 있는가?" 그러자 그들은 대답했습니다. "그야, 다만 이렇게 아룁니다. '사랑하는 하나님, 저희도 셋이고 하나님도 세 분이시니, 저희를 불쌍히 여겨주소서.'" 주교는 그들의 거룩함과 단순함에 감탄하여 이렇게 말했습니다. "그대들의 땅으로 평안히 돌아가시오."

배워야 할 예수님의 기도

성도 여러분, 응답되지 않는 기도는 한마디로 울리는 꽹과리일 뿐입니다. 소리만 요란합니다. 마치 인간이 만든 우상 앞에서 간절히 기도하고 정성을 들이는 것과 같습니다. 아무리 많은 신학지식이 있고, 기도문을 많이 외우며 열심히 오랜 시간 기도한들 아무것도 아닙니다. 오직 한 분이신 창조주 하나님께서는 성도의 기도를 들으시고 기뻐하시며 응답하십니다.

그 기도를 통해서 하나님은 역사하시고, 그 기도 안에서 하나님은 뜻을 이루십니다. 이것을 잊어서는 안 됩니다.

예수님의 기도는 기도의 모델입니다. 기도의 근본입니다. 예수님의 모든 기도가 응답되었는데, 그 속에서 하나님께서 역사하셨고 그 기도 안에서 하나님의 뜻을 이루셨습니다. 그러므로 기도를 배워야 합니다. 예수님으로부터 기도를 배우며, 그 기도가 나의 기도가 되어야 합니다. 무엇을 기도하셨고 어떻게 기도하셨는지 살펴서, 그 기도의 내용과 방식을 따라 우리는 기도해야 합니다. 요한복음 17장은 우리가 기도할 때마다 매일 한 번씩 읽고 묵상하며, 따라 기도해야 합니다. 예수님은 항상 하나님으로부터 시작된 기도를 하셨습니다. 아무리 세상이 어지럽고 수많은 문제가 있어도 항상 하나님과 자신의 관계를 인식함으로 하나님으로부터 기도를 시작하셨습니다. 기도의 전체 목적은 오직 하나님께 영광 돌림에 있었습니다. 다른 소원을 가지고 기도하지 않았습니다. 오직 하나님을 영화롭게 해드리기 위한 기도를 하셨습니다. 그래서 예수님은 항상 소명의식으로 충만하시어 하나님의 일에 힘쓰시고 하나님께 순종하시며 기도하셨습니다.

어떤 마을에 부유한 성도가 살았습니다. 그런데 그는 기도할 때마다 가난한 자들과 걸인들을 위해서 기도했습니다. 항상 열심히 기도하는데, 때로는 눈물을 흘리며 애통하는 마음으로 기도했습니다. 그런데 어느 날, 아들이 아버지의 기도가 다 끝난 후에 이렇게 말했습니다. "아버지, 금고 열쇠 좀 주세요." 아버지가 "왜?" 하고 물으니, 아들이 대답했습니다. "아버지의 그 간절한 기도가 성취되는 것을 제가 보여드릴게요." 아버지가 아들을 꾸짖습니다. "야, 이 녀석아! 기도의 성취는 하나님께서 하시는 것이지 사람이 하는 것이 아니야. 그런 소리 하지 말거라!" 그러자 아들이 퉁명스럽게 말했습니다. "가난한 사람들과 걸인을 위해서 기도하려면 아버지의 금고부터 여시고 기도하세요!"

성도 여러분, 하나님께서 우리에게 순종을 요구하시고 행동하기를 원하시는데, 우리는 기도만 하고 있지는 않습니까? 참으로 어리석은 것입니다. 하나님의 뜻에 순종하지 아니하는 기도는 하나님께 전해지지 않습니다. 이것을 항상 기억해야 할 것입니다.

하나님의 역사의 두 가지 관점

하나님의 역사에는 항상 두 가지 관점이 있습니다. 하나님이 하시는 일이 있고, 인간이 하는 것이 있습니다. 하나님의 부분이 있고, 우리의 부분이 있습니다. 이것을 분별해야 합니다. 생각해 보십시오. 우리가 기도하면서 하나님이 하실 일을 내가 하겠다고 나서면 얼마나 무모하고 교만하며 어리석습니까? 동시에 내가 할 일을 하나님께 다 하라며 아무것도 안하는 사람은 나쁜 사람입니다. 파렴치한 사람, 게으르고 어리석은 사람입니다. 거듭남의 역사가 그렇습니다. 복음과 성령은 하나님의 것입니다. 오직 그 안에서만 거듭남의 역사, 영생의 역사가 나타납니다. 우리가 할 일은 듣고 믿는 것입니다. 이것을 구별하지 못하면 신앙생활을 잘못 하게 됩니다. 기도도 이와 같습니다. 하나님이 하실 일이 있고, 우리가 할 일이 있습니다. 이것을 분명히 인식하며 기도해야 합니다.

본문 4절 말씀을 보면 "아버지께서 내게 하라고 주신 일을 내가 이루어"라는 기도문이 있습니다. 예수님은 지금 하나님의 뜻을 실천하시며, 하나님께 순종하시며 기도하십니다. 이것을 항상 기억해야 합니다. 예수님은 이 기도문을 제자들이 듣게 하시고 알게 하셨습니다. 그리고 제자들에게 예수님의 기도를 가르치셨습니다. "너희도 이렇게 하나님께 순종하며, 하나님의 일에 힘쓰며 기도하기를 바란다."

성도 여러분, 모든 거듭난 그리스도인은 하나님의 부르심을 받은 자입니다. 각자에게 주어진 소명이 있습니다. 내가 하나님의 자녀가 된 것은, 내가 선택받은 이유는 하나님의 뜻이 내 안에 있기 때문입니다. 그러므로 성도는 그 뜻을 분별하며, 그 뜻을 이루는 과정에서 기도하게 됩니다. 하나님께 순종하므로, 순종하기 위해서, 순종하는 과정에서 기도가 필요합니다. 그래서 기도를 하게 됩니다. 이것을 항상 기억해야 합니다.

본문에 나타난 예수님께서 구하신 기도에는 하나님께서 예수님에게 주신 위대한 사명이 있습니다. 그것은 구원의 역사입니다. 구원의 계획, 그 경륜은 하나님께서 하셨지만 이 일을 하라고 예수님께 권세를 주시고 사명을 주셨습니다. 예수님께 이 구원의 역사를 성취하도록 일을 맡기시고, 예수님을 이 땅에 보내셨습니다. 예수님은 이 일을 아셨습니다. 창세 전부터 이 계획을 아셨습니다. 이 계획 속에서 예수님은 기도하셨습니다. 그리고 그 일이 하나님의 방식으로, 하나님의 때에 하나님의 뜻대로 이루어질 것을 아셨습니다.

성도 여러분, 우리는 구원을 말할 때마다 잘못된 정의를 갖고 있는 경우가 많습니다. 다 내가 주인공입니다. 그래서 '나를 구원하신 하나님', 조금 더 나아가면 '인류를 구원하신 하나님'을 말합니다. 이것은 내가 주인공인 것입니다. 하지만 더 큰 하나님의 계획이 성경에 선포되고 있습니다. 비록 조금 수준이 높은 기독교인은 죄 사함, 의를 선물로 받음, 하나님과 화목함, 복 받음을 말할 수 있습니다. 더 나아가 사후에 천국 들어가는 것으로 정의를 내리기도 합니다. 하지만 다 부분적입니다. 하나님의 구원의 계획은 그 이상입니다. 더 크고 위대한 계획을 갖고 계시다는 것을 알아야 합니다.

그 일을 예수님께 맡기셨습니다. 그것은 바로 재창조의 역사입니다. 그 속에 우리의 구원이 있습니다. 하나님은 인류의 대전환점을 계획하시고, 그 일을 행하도록 예수님을 이 땅에 보내셨습니다. 성도 여러분, 역사의 대전환점이 어디에 있습니까? 예수 그리스도가 이 땅에 오셨고, 십자가에 죽으시고 부활하신 그때입니다. 영생을 가진 자만이 아는 역사관입니다. 생각해 보십시오. 예수님이 오시기 이전과 이후는 천지 차이입니다. 예수님 이전에 의인은 하나도 없으며, 모두 하나님의 진노 아래 있었습니다. 그러나 예수님 이후에 은혜의 때, 구원의 때가 열렸습니다. 참 아이러니한 것은 오늘날 사람들이 역사의 시기를 B. C.와 A. D.로 나누면서도 그 뜻이 무엇인지 모른다는 점입니다. 이것은 각각 'Before Christ', 'Anno Domini'의 약어입니다. 역사 속에서 하나님께서 일하셨습니다. 분명 역사의 대전환점이 있었습니다. 재창조의 역사가 계획됐고 실천되며 완성되어 가고 있습니다. 이 일을 하시도록 하나님께서 예수님을 보내셨습니다. 예수님이 하셨고 하나님의 뜻을 분별하시며 그 안에서 기도하셨습니다. 이것을 알아야 합니다.

그리고 하나님이 주신 일은 영적 전쟁의 최후 승리를 명하신 것입니다. 그래서 요한일서 3장 8절은 이렇게 기록합니다. "하나님의 아들이 나타나신 것은 마귀의 일을 멸하려 하심이라." 히브리서 2장 14절에는 "마귀를 멸하시며"라고 기록합니다. 역사의 대전환을 이루기 위해서, 새 시대를 이루기 위해서 마귀와 사탄을 진멸해야 합니다. 영적 승리가 일어나야 됩니다. 그 엄청난 사역을 예수님께서 받으시고 이 땅에 오셨습니다. 죄와 세상의 권세를 멸하시기 위해서 이 땅에 오셨습니다. 그 속에서 예수님은 기도를 필요로 하셨고, 기도하시며 하나님께 영광 돌리셨습니다.

또한 하나님께서 예수님께 주신 일은 이 기도문에 나타나는 것처럼 "영생을 주게 하시려고"입니다. 이 영생은 하나님의 은혜와 진리의 충만함을 받아야 인식되고 누릴 수 있습니다. 하나님의 은혜와 진리의 충만함을 받고 살아야 이 땅에서 영생의 삶으로 승리할 수 있습니다. 이 책임을, 이 위임을 예수님께 주셨습니다. 이것이 성육신의 목적이요, 하나님께서 주신 사명이었습니다. 예수님은 이것을 항상 기억하셨습니다. 하나님께서 주신 엄청나고 위대한 구원의 역사 속에서 기도하셨습니다. 사실 기도할 수밖에 없습니다. 그래서 아버지 하나님께 기도하셨습니다. 이 땅에서 항상 하나님 나라의 복음을 전하셨습니다. 그것뿐입니다.

예수님이 자신의 생애에서 나타내신 이적과 가르침은 모두가 하나님 나라였습니다. 기도의 중심이 하나님 나라였습니다. 그래서 하나님의 주권과 통치와 섭리와 경륜을 항상 인식하고 선포하시며 기도하셨습니다. 살아 계신 하나님을 선포하셨습니다. 성도 여러분, 성도의 기도는 바로 이런 것입니다. 이러한 마음과 생각으로, 복음의 비밀을 아는 자로 기도하게 됩니다. 그러니 기도를 안 할 수 없습니다. 깨어 기도하게 됩니다. 이 기도를 예수님께서 제자들에게 가르치고 계십니다.

성취하게 하시는 하나님

그리고 예수님은 말씀하십니다. "하라고 주신 일을 내가 이루어." 그 일을 이제 성취했습니다. 성취하고 있습니다. 그 가운데에서 기도하셨습니다. 어떻게 이루신 것입니까? 먼저는 하나님의 뜻을 분별해야 합니다. 하나님께서 하실 일은 하나님이 하실 것이고, 내가 할 일은 내가 해야 됩니다. 그 분별이 먼저입니다. 그리고 예수님은 자신이 하실 일에 대해서 충성

하시고 순종하셨습니다. 그 과정에서 기도가 필요했고, 기도로 그 사역을 이루셨습니다. 성도 여러분, 하나님의 구원의 계획과 예수님이 이미 행하신 것을 우리는 한 단어로 말합니다. '복음'입니다. 이 복음 안에 내가 있고 그 안에서 여러 가지를 누리는 것입니다. 그러므로 기도했더니 자녀가 잘되고 사업에 성공했다는, 자기가 주인공이 되는 간증은 옳지 않습니다. 예수님의 기도가 무엇인지, 하나님이 기뻐하시는 기도가 무엇인지를 알아야 합니다. 그리할 때 성도의 기도로 주님과 동행하는 삶을 살게 됩니다.

성도 여러분, 예수님께서 기도하십니다. "내가 이루었나이다." 바로 십자가의 사건을 말합니다. 십자가의 사건을 통해서 하나님의 뜻을 이루셨습니다. 이것을 잊지 마십시오. 왜냐하면 십자가가 없었다면 십자가 이전의 모든 예수님의 사역은 다 무용지물이 되고 맙니다. 십자가가 없었다면 복음의 역사와 승리는 없습니다. 그런데 그 십자가가 무엇입니까? 예수님이 죽으시는 날입니다. 예수님이 피 흘려 죽으시는 사건입니다. 그 속에서 하나님의 뜻이 이루어졌습니다. 거듭난 성도들만이 알고 기뻐하며 찬송하는 그 일, 그 속에서 우리는 기도하게 됩니다. 표면적으로는 가룟 유다, 유대인, 종교 지도자, 빌라도와 같은 인물들이 나쁜 악인이라고 생각합니다. 하지만 그들로 인해서 십자가 사건이 일어난 것이 아닙니다. 하나님께서 정하셨고, 예수님께서 이루신 사건입니다. 이것을 알 때 우리는 기도하게 됩니다. 그래서 기독교는 오직 십자가의 복음을 말합니다. 그 십자가의 복음 안에 하나님의 은혜와 진리가 충만히 나타나 있습니다. 다른 예수님의 사건은 부분적인 것입니다. 예수님께서 십자가에서 말씀하십니다. "다 이루었다."

성도 여러분, 예수님은 '하나님의 일을 다 이루었다. 내게 주신 일을 다 이루었다'는 것 속에서 기도하셨습니다. 그 과정 속에 기도하신 것입니다. 이것을 잊어서는 안 됩니다. 그래서 종교개혁자들은 성령 충만하여 이 비밀을 전했습니다. 오직 복음의 선포자로 복음 안에서 기도하며, 복음의 일에 힘썼습니다. 종교개혁자들이 외친 '오직 믿음', '오직 은혜'가 바로 그런 뜻입니다. 그런데 종교개혁 당시부터 이미 복음은 또 사탄의 역사로 말미암아 왜곡되기 시작합니다. 번영의 복음, 번영의 신학은 계속 복음을 가감하며 다른 복음을 만들어갑니다. 이것은 기독교가 아닙니다. 이것을 분별해야 합니다. 예수님께서 십자가 사건을 앞두고 십자가를 향하여 가시며 기도하셨습니다. 그것이 오늘의 기도문입니다. 성도 여러분, 어디를 향하며, 무슨 일을 행하며 기도하고 계십니까? 우리도 하나님의 뜻을 이루며, 하나님을 향하는 과정에서 기도하는 주의 사람이 되어야 합니다.

십자가의 때를 아신 예수님

그리고 1절에 "때가 이르렀사오니"라는 말씀이 있습니다. 예수님은 때를 아셨습니다. 눈에 보이는 때는 분명히 십자가의 때입니다. 십자가의 사건입니다. 자신이 죽을 날을 아셨습니다. 그런데 어떤 때를 아셨다는 의미입니까? 바로 구원의 역사가 이루어지는 때를 아시며 기도하셨습니다. 그간의 모든 것은 이 날을 위함이었던 것을 인식하시며 기도하셨습니다. 그리고 하나님이 주신 일이 성취되는 때입니다. 사람이나 세상이 보기에는 끌려가 죽는 날인 것 같습니다. 고통이요, 수치요, 모욕의 때인 것 같지만, 예수님은 하나님이 주신 일이 이루어지는 때이고 하나님의 방식으로 이루어지는 때임을 아시고 항상 기도하셨습니다.

그리고 이 때는 우연이 아닙니다. 미리 정해진 때입니다. 성경은 창세 전, 온 우주 만물이 창조되기 이전에 이미 영원하신 하나님께서 계획하신 때라고 말씀합니다. 역사 속에 계획하신 때, 그 날이어야 됩니다. 그 날을 향하고 있습니다. 하나님의 뜻이 이루어지는 때입니다. 성도 여러분, 우리가 아무리 이성적으로 뛰어나도 어떻게 이 비밀을 안다고 말할 수 있겠습니까? '나는 안다. 나는 복음을 다 안다. 나는 이 때를 안다.' 어림없는 이야기입니다. 단지 믿고 신앙고백을 할 뿐입니다. 예수님은 정한 때를 아시고 역사의 주인이신 하나님 앞에 기도하셨습니다. 모든 것을 우리는 알 수 없으나, 분명히 예수 그리스도의 사건을 우리는 압니다. 이와 같은 방식으로 하나님은 은밀하게 역사하고 계십니다. 그 속에서 우리는 기도합니다. 그 사실을 알 때마다 기도합니다. 깨어 기도하게 됩니다.

또한 이 때는 예수님께서 비로소 천국으로 돌아가시는 때입니다. 그래서 5절은 말씀합니다. "창세 전에 내가 아버지와 함께 가졌던 영화로써." 지금 천국을 바라보며, 이미 천국이 있었기에 천국을 향하여 가시면서 충만하여 기도하고 계십니다. 성도 여러분, 영생을 소유한 자, 거듭난 자의 기도는 바로 이런 기도입니다. 이것이 그리스도인의 믿음이요. 기도입니다. 그래서 예수 그리스도의 이름으로 기도합니다. 이것을 잊어서는 안 됩니다.

옛날에 인도가 영국의 식민지였을 때에 있었던 참 교훈적인 이야기입니다. 영국 총독부에서 인도의 부자 영주들에게 자동차를 선물했는데, 이들은 자동차를 처음 보았습니다. 너무나 기뻤지만 어떻게 사용할지 몰랐습니다. 그런데 잘 살펴보니 물건에 바퀴가 4개 있었습니다. 굴러가는 것이라고 생각한 이들이 한 일은 무엇이었을까요? 튼튼하고 힘이 센 소 두 마리를 끌어다가 그 앞에 끈으로 묶었습니다. 끌고 가도록 말이지요. 그리고 이것을 과시하기 위해서 군중들 앞에서 "야, 난 자동차를 몰고 있다!"라고 했습니다. 지금 생각하면 얼마나 무지하고 어리석습니까?

성도 여러분, 복음을 영접한 그리스도인의 삶에 이와 같은 경우가 너무나 많습니다. 위대한 복음을 믿는다고 하면서, 복음으로 하나님의 자녀가 되는데도 불구하고 복음을 삶에 적용하질 않습니다. 복음 안에 있지 않습니다. 그러다 보니 잘못된 기도를 하고 종교적 기도에서 벗어나지 못합니다. 응답되는 기도를 하지 못합니다.

제자들은 지금 근심하고 있습니다. 표면적인 이유는 예수님께서 "이제 잠시 후면 너희를 떠날 것이다. 다시는 못 보리라. 세상을 떠날 것이다. 십자가를 질 것이다. 아버지께로 돌아간다"라고 말씀하셨기 때문입니다. 어떤 것은 알겠고 어떤 것은 모르겠는데, 좌우지간 충격이었습니다. 근심과 두려움과 절망 속에 사로잡혔습니다. 근본적인 이유가 무엇입니까? 눈에 보이기에는 예수님이 떠나시고 죽으신다는 것 때문인 것

같습니다. 그런데 그 깊은 속에 있는 그들의 중심, 마음의 근본적인 이유는 복음에 대한 무지입니다. 예수님이 눈앞에 계셨지만, 예수님을 알지 못했습니다. 무엇보다도 때를 알지 못했습니다. 역사의 주인이신 하나님에 대한 온전한 신뢰가 없었습니다. 이것은 하나님께서 행하신 일인데, 그 영광된 순간을 알지 못했습니다.

그래서 예수님께서 십자가 지시기 전날 가장 위대한 기도를 남기시며, 제자들로 듣게 하십니다. 기도로 그들에게 기도를 가르치십니다. 복음의 비밀을 가르치시고 깨달음을 주십니다. 그 속에서 위로와 평강을 얻게 하십니다. 이 두려움을 극복하게 하십니다. 그리고 예수님과 같은 기도의 사람으로 변화시키십니다. 오늘도 예수님은 모든 영생을 가진 하나님의 자녀를 이와 같은 방식으로 깨우치시고 재촉하시며 하나님께 응답되는 기도의 사람으로 변화시키고 계십니다.

성령의 기도와 그리스도인의 믿음

성도 여러분, 예수님 이후 오늘날의 시기는 그리스도 통치의 시대입니다. 예수님께서는 십자가에 죽으셨으나 부활하시고 승천하시어 하나님 우편에 앉으셔서 통치하십니다. 지금 그곳에 휴가를 가신 것이 아닙니다. 하나님의 방식으로 영적 통치를 만왕의 왕으로 이루고 계십니다. 이것이 기독교의 선포요, 복음의 선포입니다. 성령을 통하여 오늘도 역사하십니다. 이 인식을 가질 때 우리는 기도합니다. 복음적 역사관을 가질 때 하나님의 행하신 일을 알고, 예수님이 무엇을 행하셨는지를 알 때 우리는 깨어 기도하게 됩니다. 이것이 성령의 기도입니다. 여기에 그리스도의 믿음과 인식이 있습니다. 기도하며, 기도의 역사에 대한 확신을 가지고 하나님만을 소망하며 오늘을 살아가게 됩니다.

성도 여러분, 거듭난 그리스도인과 아닌 사람, 영생을 소유한 사람과 소유하지 못한 사람을 어떻게 분별할 수 있습니까? 눈에 보이는 목사, 권사, 장로, 신학교수, 선교사 등으로는 알 수 없습니다. 하지만 기도를 보면 알 수 있습니다. 기도의 내용과 방식, 그의 믿음의 삶을 보면 알 수 있습니다. 예수 그리스도 안에서 복음적 역사관을 가지고 하나님을 아는 지식의 충만함을 갈망하며, 그 뜻을 구하고 순종하며 그 안에서 기도해야 합니다. 그래서 북한을 위해, 가난한 사람을 위해, 병든 사람을 위해 기도만 할 뿐 정작 자신은 아무것도 하지 않는다면 그것은 잘못된 것입니다.

세계 최초로 아프리카를 횡단한 사람이 있었습니다. 탐험

가도 아니요, 과학자도 아니요, 군인도 아닙니다. 바로 선교사 리빙스턴이었습니다. 아프리카 오지의 세계로 걸어 들어가는 과정에서 그는 수많은 병마와 싸우다 죽을 뻔했습니다. 원주민에게 습격당해 죽을 위기에 처하기도 했고 사자에게 물려 고통도 받았습니다. 그러나 멈추지 않고 계속 걸어서 들어갑니다. 그가 남긴 기록에 보면, 이런 고난을 감수하며 아프리카 대륙으로 들어간 이유는 단 하나였습니다. 복음을 전하기 위해서입니다. 그는 위기가 있을 때마다 기도하며 고백했습니다. "하나님이 나를 이곳에 보내셨다면, 그 사명이 다할 때까지 나는 결코 죽지 않는다." 그러면서 곳곳에서 복음을 전하다가 기도하며, 마지막 죽는 모습까지 기도하는 자세로 숨을 거두었습니다.

성도 여러분, 모든 그리스도인은 하나님께로부터 소명 받은 사람입니다. 하나님께서 그분의 뜻을 이루기 위하여 우리를 부르셨습니다. 모든 그리스도인은 예수 그리스도께 속하라는 부르심을 받은 사람입니다. 그래서 예수 그리스도의 이름으로 예수 그리스도의 지식을 갈망하며, 예수 그리스도의 마음과 생각과 기도를 본받는 사람으로 오늘을 살아가는 것입니다. 그 과정에서 기도하며, 하나님의 일에 힘쓰며, 하나님의 뜻을 이루기를 갈망하며 오늘을 살아가는 것입니다.

성도 여러분, 여러분은 정말 영생을 가진 사람으로 영생의 삶을 누리고 있습니까? 이것은 내일로 미룰 문제가 아닙니다. 영생을 가진 사람은 성령을 통하여 예수님의 마음과 기도를 본받는 자로 오늘 깨어 기도하며, 하나님의 일에 힘쓰며, 하나님의 뜻을 이루어가며 오늘을 살게 됩니다. 하나님께서는 그 기도와 함께 기도를 통하여 역사하시며, 부흥의 역사를 일으키시고 복음의 역사를 일으키십니다. 하나님의 위대한 뜻을 우리를 통하여 이루어나가십니다.

─ 기도 ─

전지전능하신 은혜의 하나님, 오직 하나님의 부르심을 힘입어 그 은혜로 말미암아 주의 복음을 영접하여 하나님의 자녀 되게 하시고, 이제야 비로소 기도의 사람으로 깨어 기도하며, 복음의 역사관을 가지고, 살아 계신 하나님과 교제하며, 하나님의 뜻을 이루고자 하는 거룩한 목적으로 기도하게 하심을 진심으로 감사드립니다. 성령이시여, 이 세상에 사나 세상에 속하지 않은 자로 천국의 소망을 둔 자답게, 영생을 소유한 자답게 하나님의 은혜에 합당한 삶을 살며 하나님의 뜻을 이루고자 하는 거룩한 소망 속에 기도하는 자로 이 땅에서 승리하는 삶을 살아갈 수 있도록 지켜 주옵소서. 우리 주 예수 그리스도의 이름으로 간절히 기도드리옵나이다. 아멘.

04

내게 주신 사람들

세상 중에서 내게 주신 사람들에게 내가 아버지의 이름을 나타내었나이다 그
들은 아버지의 것이었는데 내게 주셨으며 그들은 아버지의 말씀을 지키었나이
다 지금 그들은 아버지께서 내게 주신 것이 다 아버지로부터 온 것인 줄 알았
나이다 나는 아버지께서 내게 주신 말씀들을 그들에게 주었사오며 그들은 이
것을 받고 내가 아버지께로부터 나온 줄을 참으로 아오며 아버지께서 나를 보
내신 줄도 믿었사옵나이다

– 요한복음 17:6-8

04

내게 주신
사람들

오래전 미국의 남북전쟁 때 일입니다. 북군의 한 병사가 아버지와 형들을 모두 전쟁 중에 잃었습니다. 그는 고향 농장에서 어머니와 어린 누이동생들을 돌보아야 할 책임을 갖게 되었습니다. 그래서 부득불 군 면제 요청을 하기 위해 워싱턴의 링컨 대통령을 만나러 갔습니다. 그가 백악관에 도착하자, 문 앞에 있던 직원들이 그의 요청을 거절하며 질책했습니다. "자넨 대통령을 만날 수 없네. 지금 전쟁 중이라는 사실을 모르나? 대통령은 매우 바쁜 분이야! 이제 돌아가게." 그는 매우 낙심한 채로 백악관을 떠나 근처 공원 벤치에 앉았습니다. 그때 한 어린 소년이 가까이 와서 물었습니다. "아저씨, 왜 이렇게 슬퍼 보이세요? 뭐 잘못된 일이 있어요?" 그는 이 어린 소년에게 너무나 답답해서 자신의 마음을 토로했습니다. 무서운 전쟁 속에 아버지와 형제들을 다 잃었고, 이제 남은 것은 나와 병든 어머니와 어린 누이동생뿐인데, 그래서 내가 농장에서 일을 하며 그들을 부양하고 책임져야 되는데 지금 큰일 났다면서 그 어린아이를 붙들고 자기의 심정을 토로했습니다.

그런데 이 소년이 "아저씨, 저랑 같이 가요!" 하더니, 그의 손을 붙잡고 백악관 뒤쪽으로 해서 뒷문으로 살짝 들어가는 것이었습니다. 그리고 보초병을 지나고, 사무실을 지나고, 장관실을 지나고, 대통령 집무실 문 앞에까지 갔는데도 막는 사람이 없었습니다. 더욱이 이 아이가 노크도 없이 대통령의 집무실 문을 활짝 열었습니다. 그 안을 보니 대통령이 국무장관과 함께 전쟁전략을 의논 중이었습니다. 링컨이 "무슨 일이냐, 토드?" 하니까, 아이가 말합니다. "아빠, 이 아저씨가 아빠를 꼭 봐야 될 사람인 것 같아요. 아빠를 만나기 원해 제가 데리고 왔어요." 바로 그 순간 이 사람은 링컨 대통령 앞에서 자신의 청원을 말할 수 있는 기회를 얻었고, 대통령께 자신의 모든 상황을 전달할 수 있었습니다.

이 땅에 오신 중보자 예수 그리스도

성도 여러분, 예수 그리스도께서 이 땅에 오신 목적이 이와 같습니다. 예수 그리스도는 중보자십니다. 유일한 중보자 하나님입니다. 오직 예수 그리스도 안에서만 하나님께 가까이 갈 수 있고, 하나님을 만날 수 있고, 하나님의 말씀을 들을 수 있고, 하나님과 함께할 수 있습니다. 그래서 예수님께서 십자가를 지시기 전날, 위대한 진리를 선포하십니다. 위대한 복음을 말씀해 주십니다. "내가 곧 길이요 진리요 생명이니 나로 말미암지 않고는 아버지께로 올 자가 없느니라."

성도 여러분, 유일하신 참 하나님은 거룩하신 하나님이십니다. 이것을 잊어서는 안 됩니다. 그래서 내가 만나고 싶다고 만날 수 있는 분이 아닙니다. 왜냐하면 우리는 죄인이기 때문입니다. 죄인은 그가 누구든지, 죄의 문제를 해결하지 않는 한 하나님 아버지를 만날 수 없습니다. 근처에 갈 수도 없습니다. 가까이 갈 수 없습니다. 그렇기에 하나님께서 예수 그리스도를 중보자로 이 땅에 보내셨습니다. 오직 예수 그리스도 안에서만 믿음으로 하나님께 나아가는 길이 열립니다. 이것을 우리는 복음이라고 합니다. 이 복음을 믿음으로 예수 그리스도 안에서 하나님께 가까이 갈 수 있게 되었습니다. 부활하시고 승천하신 살아 계신 그리스도께서 오늘도 이 중보자의 역할을 하십니다. 중보사역을 하십니다. 중보기도를 하고 계시다는 사실을 잊어서는 안 됩니다. 로마서 8장 34절의 말씀입니다. "그는 하나님 우편에 계신 자요 우리를 위하여 간구하시는 자시니라." 오직 예수 그리스도 안에서만 하나님께 기도할 수 있고, 기도의 응답을 받을 수 있고, 하나님께 나아갈 수 있습니다.

인도의 성자라고 일컬어지는 썬다 싱의 유명한 일화가 있습니다. 그는 거듭나기 전에 이교도로 살았습니다. 그래서 회심한 다음에 이름이 알려지자 많은 사람으로부터 같은 질문을 받았습니다. "왜 기독교로 개종한 것입니까?" 그는 준비된 대답을 합니다. "한 단어 때문입니다." 그러자 사람들이 "예수님이라는 단어 때문입니까?"라고 묻자, 그는 엄숙히 말합니다. "아닙니다. 저는 '다가감'이라는 단어 때문에 개종했습니다." 그리고 설명합니다.

"내가 이전까지 믿던 신들은, 즉 이 세상의 모든 종교들은 신이 너무 멀리 있고 높이 있어서 가까이 갈 수가 없습니다. 그 자체가 고행입니다. 그런데 예수 그리스도는 가까이 계신 분입니다. 그래서 예수 그리스도께 가까이 나아갈 수 있고, 예수 그리스도를 만나고 영접함으로 그 안에서 하나님을 만납니다. 오직 예수 그리스도 안에서 치유하시는 하나님, 말씀하시는 하나님, 함께하시는 하나님을 알고 만납니다." 성도 여러분, 진실로 오직 예수 그리스도 안에서만 살아 계신 하나님을 알고 믿으며 하나님과 함께하는 삶을 살 수 있다는 것을 잊어서는 안 됩니다.

요한복음 17장에서 예수님이 기도하십니다. 십자가를 지시기 전날 밤, 이제 곧 십자가의 비참한 죽음을 직면하셔야 합니다. 그때 하신 기도입니다. 가장 완벽하고 위대한 기도입니다. 그 중에서 1절에서 5절까지는 자신을 위하여 하나님께 기도하셨습니다. 그러나 6절부터 마지막 절까지는 제자들과 믿는 자들을 위해 기도하셨습니다. 예수님은 지금 중보기도를 하십니다. 본문 말씀부터는 그 중보기도 내용인데, 의미상으로 그 대상은 모든 하나님의 백성들입니다. 우리를 위하여 오늘도 이와 같이 기도하고 계십니다. 이것을 알아야 합니다. 예수님의 기도 중 80퍼센트가 중보기도입니다. 다섯 절만 자신을 위한 기도였고, 80퍼센트가 중보기도입니다. 당장 눈앞의 십자가, 죽음의 사건이 있음에도 불구하고 중보기도를 하셨습니다. 이것을 제자들에게 듣게 하시고 알게 하셨습니다. 이것이 바른 기도의 방식입니다.

성도 여러분, 우리 기도의 대상은 전지전능하신 하나님이십니다. 그분은 모든 것을 아십니다. 성도의 모든 처한 상황을 아십니다. 하나님께서 기뻐하시는 기도는 나보다는 이웃의 안정과 유익과 행복을 위한 기도입니다. 우리가 기도하지 않아도 그분은 알고 계십니다. 그러나 듣기를 원하십니다. 우리의 중심을 확인하기를 원하십니다. 이웃사랑이 먼저입니다. 이웃에 대해 얼마나 큰 관심, 하나님의 교회에 대해 얼마나 큰 관심과 사랑을 갖고 기도하는가를 듣기 원하신다는 말씀입니다. 이것이 하나님의 뜻입니다. 우리 모두 중보기도자로 오늘을 살아가야 합니다.

내게 주신 사람들

본문의 기도문에 보면, 그리스도인이 누구인지 또 그리스도인에게 나타난 일이 무엇인지를 하나님께서 예수님의 기도를 통하여 계시하고 계십니다. 지금 예수님께서는 십자가 지시기 직전의 유언과 같은 최후의 기도를 통해서 최종 정의를 내려주십니다. 본문에 "내게 주신 사람들"이라는 말씀입니다. 참으로 귀한 기도문입니다. 하나님의 말씀입니다. "내게 주신 사람들" 즉 성경 본문에서 세상 중에 내게 주신 사람들과 그렇지 않은 사람들이 구별되어 있습니다. 세상에 많은 사람들이 있지만, 그 중에 하나님께서 친히 구별하신 하나님의 백성들이 있다는 것입니다. 그들이 그리스도인입니다. 하나님께서 구별하신 백성이 아니면 하나님의 자녀가 아닙니다. 그냥 종교인입니다. 하나님의 일을 많이 했고 교회에 자주 출석했으며 신학공부를 하고 선교사 생활을 했어도 아닙니다. 하나님께서 구별하신 하나님의 자녀가 있다는 것을 예수님께서 말씀하십니다. 이것이 예수님의 관점입니다. 그 안에서 기도하십니다. "내게 주신 사람들" 한마디로 하나님께서 구별하신 사람들입니다.

본문에서 "아버지의 것"은 하나님께 속한 자를 말합니다. 하나님 앞에는 두 부류의 인간이 있습니다. 하나님께 속한 자와 아닌 자, 하나님의 것과 아닌 사람입니다. 그래서 성경은 하나님의 자녀들을 향하여 세상에 거하나 세상에 속하지 아니하였다고 말씀합니다. 좀 더 구체적으로 말하면, 하나님 앞에는 세상에 속한 자가 있고, 아닌 자가 있습니다. 세상의 사고방식으로 살아가는 자가 있고, 아닌 자가 있습니다. 다시 말해, 하나님의 방식으로 살아가는 자가 있고, 아닌 사람이 있다는 것입니다. 이것을 분명히 알아야 합니다. 이 정체성을 가질 때 우리는 기도하게 됩니다. 이 정체성을 알고 살아갈 때 기도할 수밖에 없습니다.

특별히 예수님의 이 중보기도를 보십시오. "내게 주신 사람들"이라는 표현을 여러 번 반복하고 강조합니다. 다시 말해서, 예수님은 이 중보기도 전체가 내게 주신 사람들만을 위한 기도요, 하나님께 속한 자들만을 위한 기도임을 말씀하고 계십니다. 하나님의 백성들만을 위한 기도입니다. 지금 예수님이 세상의 구주로 오셨지만, 인류를 위해 기도하시는 것이 아닙니다. 성경을 자세히 보십시오. 구약과 신약도 모두가 핵심은 하나님의 백성에게 초점이 맞춰져 있습니다. 그들에게 하나님을 알렸지만 믿지 않았습니다. 이미 내버려 둔 존재입니다. 중보자 예수님은 내게 주신 자들을 위해서만 기도하고 계십니다. 참으로 충격적인 말씀입니다. 구원받은 자들에게는 감사요, 기쁨이요, 은혜요, 만족입니다. 하지만 불신자의 입장에서 생각해 보면 이것은 충격이요, 절망이요, 낙심이요, 마지막은 분노입니다. '어떻게 예수 그리스도라는 자가 이 정도밖에 안 되냐? 왜 우리를 차별하고 구별하느냐?'라고 할 것입니다.

그러나 이것이 하나님의 뜻입니다. 이 기도문을 보면 처음부터 끝까지 내게 주신 자들에 초점을 맞추시고, 그들을 위하여 기도하십니다. 그런데 성경 전체의 맥락을 보십시오. 하나님께서 말씀하십니다. "내 백성, 내가 기뻐하는 자들, 내 자녀들, 하나님의 자녀들." 하나님의 관심은 하나님께서 친히 구별하신 사람들뿐입니다. 이것을 잊어서는 안 됩니다.

종교개혁자 칼뱅이 이 교리를 깨닫고, 이 복음의 비밀을 알아서 '예정론'이라는 교리를 발표하고 강조합니다. 그런데 다들 칼뱅을 존경하면서도 이 예정론에 대해서는 이해를 못하고 못마땅해하는 사람들이 많았습니다. 목회자들 중에서도 그렇습니다. 그가 임종하기 직전에 있었던 일화입니다. 제자들이 칼뱅에게 부탁했습니다. "목사님, 제발 예정론만은 좀 철회해 주세요. 이것 때문에 목사님을 따르는 사람들이 자꾸 흩어집니다. 이게 참으로 문제가 많습니다. 하나님께서 미리 예정하셨다면, 그러면 구원받는 자들에 대해 우리가 할 게 아무것도 없는 것 아닙니까? 이것은 좀 공의롭지 못합니다." 계속 문제제기를 하자, 칼뱅이 성경책을 갖고 오라고 하면서 에베소서 1장 4절을 펴고 이렇게 말하였습니다. "Bible say so" 곧 "성경에 이렇게 말하지 않느냐? 창세 전에 그리스도 안에서 우리를 택하사." 그러고는 "아멘" 하고 하나님의 부름을 받았다고 합니다.

성도 여러분, 하나님이 택하신 백성이 있습니다. 그 안에 내가 있어야 합니다. 이것이 그리스도인의 바른 정체의식입니다. 어느 교회, 어느 교단에 소속된 교회에 다녔다거나 또는 무슨 일을 했다는 것은 아무 의미가 없습니다. 하나님께서 택하신 백성 중에 내가 있어야 됩니다. 이 사실을 알 때 우리는 기도하게 됩니다. 깨어 기도합니다.

오직 은혜로

그러면 우리는 도대체 그 근거가 무엇인지 질문하게 됩니다. 어떤 기준으로 하나님께서 공의롭게 구별하신 것입니까? 성경의 답은 하나입니다. 하나님의 주권, 하나님의 주권적 경륜, 하나님의 뜻입니다. 그것으로 끝입니다. 하나님의 주권적 은혜로 말미암아 된 일입니다. 무슨 말이냐면, 인간은 모른다는 것입니다. 이것은 하나님께 속하신 그분의 권세입니다. 인간이 헤아릴 길이 없습니다. 아무리 높은 신학적 경륜을 갖고 있어도 알지 못합니다. 우리는 알 길이 없습니다.

한번 생각해 보십시오. 왜 내가 하나님의 자녀가 되었을까요? 어떻게 나 같은 죄인이 구원받아 영생을 소유하고 영생의 삶을 이 땅에서 살아갈 수 있는 은총을 받았습니까? 내가 착하거나 기도해서, 내가 예수님을 선택하거나 주변 분들이 나를 위해 기도해 주어서도 아닙니다. 그것은 본질이 아닙니다. 믿는 자는 오직 한 단어를 쓸 뿐입니다. '하나님의 은혜', 그것 외에는 설명할 길이 없습니다. 은혜! 하나님이 행하신 것입니다. 주권적 은혜로 말미암아 예수 그리스도를 영접하고 하나님의 자녀가 되었습니다. 이 사실을 알 때 우리는 기도합니다. 깨어 기도합니다. 그리고 은혜 받은 자는 자랑하지 않습니다. 은혜 외에는 말할 것이 없습니다. 그 은혜가 아니면 이러한 삶을 살아갈 수 없기 때문입니다. 우리가 오직 추구할 것은 은혜에 응답하는 것입니다. 은혜에 합당한 삶을 살아갈 뿐입니다. 그 과정에서 우리는 깨어 기도하게 됩니다.

예수님께서 말씀하십니다. "내게 주신 사람들." 다시 말해서, 하나님께서 내게 주신 사람들이라는 것입니다. 이 제자들이, 믿는 자들이 그렇다는 것입니다. 성도 여러분, 복음서로 한번 돌아가 보십시오. 어디에도 이런 말씀이 없습니다. 예수님께서 택하셨습니다. 예수님이 베드로를, 요한을, 마태를 택하셨습니다. 그런데 예수님은 하나님께서 이미 정하셔서 내게 주신 자들이라는 믿음과 인식을 갖고 사셨습니다. 이것이 복음의 비밀입니다. 이것을 알게 하시기 위하여 처음에 내게 주신 자들을 위하여 중보기도하고 계십니다.

그러면 가룟 유다는 어떻게 된 것입니까? 예수님이 택하셨지만, 하나님이 주신 자가 아닙니다. 그래서 12절에 보면 그는 "멸망의 자식"이라고 하십니다. 내게 주신 하나님의 자녀가 아닙니다. 분명히 알아야 합니다. 내게 주신 자들, 이들에게는 엄청난 은혜와 은혜의 특권이 있습니다. 왜냐하면 확실하게 구원받을 것이기 때문에 하나님께서 그렇게 정하셨습니다. 은혜로 시작하시고 은혜로 결과를 내실 것입니다. '내게 주신 자들', 그것은 은혜 위의 은혜입니다. 최초의 은혜입니다. 이 은혜가 없다면 어느 누구도 하나님의 자녀가 될 수 없습니다. 이 사실을 인식하시고 하나님께서 그리스도인을 위해서 행하는 것이 무엇인지를 알게 하시기 위하여 중보기도를 하고 계십니다. 얼마나 감사한 일입니까? 그러나 제자들도 그렇지만, 우리도 아직 합당한 자가 아닙니다. 하나님의 뜻에 합당하지 못합니다. 하나님의 은혜에 온당한 삶을 살아가지 못합니다. 하나님께서 이 모든 걸 알고 계십니다. 예수님이 기도하실 그 당시 제자들도 그렇게 합당한 사람들이 아니었습니다.

그런데 중요한 것은 하나님께서 구별하신 하나님의 것이라는 사실입니다. 그들을 주셨다고 예수님께 말씀하십니다. 이것은 놀라운 복음의 역사입니다. 왜 주신 것입니까? 아직은 합당하지 않지만 합당하게 하시기 위해서입니다. 온전하게 만드시기 위해서 예수님께 주신 것입니다. 예수님의 사역이 바로 여기에 있습니다. 하나님께서 하나님의 주권 속에 있는 택하신 백성을 예수님께 주십니다. 그들의 믿음으로 선택한 것 같지만, 그 선택 이전에 하나님의 역사가 그 안에 있었습니다.

이것을 알게 하십니다. 이것이 복음의 시작입니다. 거기서부터 우리는 기도하게 됩니다. 그래서 예수님은 위대한 사명을, 구원의 완성을 책임지셨습니다. 그것이 그분의 사역입니다. 중보사역입니다.

그리고 십자가에서 말씀하십니다. "다 이루었다." 우리는 그 십자가의 복음을 믿음으로 하나님의 자녀가 되고, 하나님의 자녀답게 살게 되고, 하나님의 뜻대로 하나님의 자녀가 됩니다. 이 과정에서 기도 없이는 살아남을 수가 없습니다. 기도 없이는 하나님의 자녀가 될 수 없음을 알기에 우리는 기도하게 됩니다. 성령의 역사란 바로 이것입니다. 우리를 예수 그리스도께 인도해서 예수 그리스도 안에서 하나님의 행하신 일이 무엇인지를 알며, 복음의 비밀을 알며, 믿음으로 하나님의 사람으로 변해가는 것입니다.

그래서 예수님께서 예수님의 전체 사역을 한마디로 정의해 주십니다. 마지막 순간이기 때문입니다. 본문 말씀에 이렇게 기록됩니다. "내가 아버지의 이름을 나타내었나이다." 이것을 항상 기억하셔야 합니다. 온 세상에 나타낸 것 같지만, 예수님은 내게 주신 자들에게만 나타내셨습니다. 지금 그 말씀을 하고 계십니다. 이것이 얼마나 감사한 일입니까? 내가 구원받은 자라면, 내가 그 은혜를 받은 자라면 그 은혜 안에서 오늘을 살아가는 것입니다.

하나님의 이름을 나타내심

성도 여러분, 요즘은 하나님의 이름을 너무 함부로 말하지만, 이스라엘 사람들은 여호와라는 이름, 하나님의 이름을 부르지도 못했습니다. 그것이 기독교, 성경의 역사입니다. 하나님의 이름은 구약성경에서 보면 단지 이름만이 아닙니다. 하나님의 이름은 하나님의 존재와 역사와 성품과 능력과 은혜, 모든 것을 함축하는 의미입니다. 우리가 여호와 하나님을 외치는데, 이것은 모세 이후입니다. 모세 이전에는 그 이름을 알지도 못했습니다. 하나님께서 스스로 제일 먼저 계시하신 이름이 야훼, 여호와입니다. 원문을 보면 'I am Who I am'(나는 스스로 존재하는 자다)이라고 되어 있습니다. '창세 이전에, 모든 우주 만물 이전에 스스로 존재하는 살아 계신 하나님이시다. 내 이름은 여호와로다.'

그전에는 하나님의 이름을 알지 못했습니다. 하나님을 아는 형상을 다 잃어버려서 우상숭배를 했습니다. 그 이름이 나타나고 나서야 하나님이 누구신지를, 어떤 일을 하시는지를, 어떤 성품을 갖고 계시는지를 알기 시작했습니다. 그리고 곳곳에서 사건을 통해 말씀하십니다. "나는 전능자다." 전능하신 하나님을 말씀하실 때, 추상적인 말이 아니라 실제로 전능하신 하나님을 계시하셨습니다. 더 나아가서 구속의 하나님, 은혜의 하나님, 사랑의 하나님, 무엇보다도 거룩하신 하나님을 수없이 반복하여 계시하십니다. 심판하시는 하나님, 진노의 하나님, 역사의 주인이신 하나님, 창조주 하나님 등 계속해서 하나님께서 자기의 이름을 나타내셨습니다.

다시 한 번 생각하십시오. 하나님이 하나님의 이름을 나타내시기 전에 인류는 하나님을 떠났습니다. 하나님을 알지 못했습니다. 그런 상황에 하나님이 은혜를 베푸셨습니다. 그러나 그 이름을 망령되이 일컬었습니다. 왜곡시켰습니다. 그 성호를 영화롭게 하는 삶을 살아가는 사람이 한 사람도 없었습니다. 그래서 '의인은 없으되 하나도 없다. 모두 하나님의 진노 아래에 있다'라고 성경은 말씀합니다. 이때 예수님께서 오셨습니다. 하나님께서 중보자로 보내셨습니다. 유일한 계시자로 이 땅에 보내셨습니다. 그래서 예수님의 모든 사역은 예수님께서 말씀하십니다. "하나님의 이름을 나타낸" 것입니다.

특별히 요한복음 17장에서 가장 귀중한 여호와 하나님의 이름을 세 번 나타내십니다. 먼저, 아버지입니다. '아버지 하나님'이라고 기도하십니다. 이것은 하나님과 예수님의 관계입니다. 예수 그리스도 안에서의 하나님과 믿는 자의 관계입니다. '아버지', 그 당시에 하나님을 아버지로 부른다는 것은 있을 수 없는 일입니다. 신은 너무 멀리 있었습니다. 오늘도 마찬가지입니다. 어떤 종교든 신을 아버지라고 부르는 것은 상상할 수 없습니다.

또 하나의 이름은 11절에 '거룩하신 아버지'라고 예수님께서 계시해 주십니다. 그렇습니다. 하나님은 거룩하신 하나님입니다. 죄인은 다가설 수도, 근처에 갈 수도 없습니다. 예수 그리스도 안에서만 그분을 아버지로 부르게 되었습니다.

그리고 세 번째가 마지막 25절입니다. '의의 아버지'를 계시하십니다. '아버지', '거룩하신 아버지', '의의 아버지', 우리에게 하나님의 의를 주신 분입니다. 하나님의 이름에 모든 하나님의 존재와 역사, 능력과 성품, 은혜와 사랑이 계시되어 있습니다.

성도 여러분, 이 모든 하나님의 이름은 한마디로 하나님을 아는 지식입니다. 하나님을 아는 지식을 알고 믿음으로 영생을 소유하게 됩니다. 영생을 소유함으로 하나님을 아는 지식을 갖게 됩니다. 하나님의 이름을 영화롭게 하는 삶을 비로소 살아가게 됩니다. 예수님께서 행하신 일이 바로 이런 것입니다. 오늘도 이 일을 하고 계십니다. 그래서 하나님을 아는 지식을 얻기 위해서는 오직 예수 그리스도, 중보자 예수 그리스도와 연합해야 합니다.

그리고 예수 그리스도 안에서 그리스도를 아는 지식의 충만함에 이르러야 합니다. 그 속에서만 하나님을 알 수 있습니다. 예수님이 누구신지, 무슨 일을 하셨는지, 그 속에 하나님이 계시되었습니다. 하나님의 이름을 나타내고, 하나님을 아는 지식이 계시된 것입니다. 이것이 복음의 역사요, 복음의 비밀입니다. 예수님께서 그 일을 하셨습니다. 이 일을 하시므로 온전하지 못하지만 하나님의 것인 하나님의 백성이 예수 그리스도 안에서 하나님의 이름을 알고 믿음으로 새로운 피조물이 됩니다. 새 사람이 됩니다. 영생의 사람이 됩니다. 이제 하나님께 가까이 가고, 하나님과 화목한 삶을 기도하며 살아가게 됩니다.

받고, 알고, 믿는 자

그리고 예수님께서 말씀하십니다. "내게 주신 사람들은 아버지의 말씀을 지키었나이다." 참 귀한 말씀입니다. 개인적으로 이 말씀 때문에 예전에도 그렇고 이 설교를 준비하는 중에도 무척 고생했습니다. 성도 여러분도 너무나 잘 알고 있습니다. 제자들은 시기와 질투로 가득하며 자주 실수하고 서로 부딪치며 결국은 십자가 사건 바로 다음 날 다 도망갑니다. 심지어 수석 제자인 베드로마저 예수님을 부인하고 저주하면서 도망갑니다. 그럼에도 예수님은 저들이 하나님의 말씀을 지켰다고 말씀합니다. 예수님은 추상적으로 이렇게 말씀하시는 분이 아닙니다. 그 기도는 반드시 성취되고, 그 말씀은 진리입니다. 우리가 사건으로 알듯이, 이 기도에서 제일 놀라고 정신을 바짝 차린 사람은 제자들일 것입니다. 예수님의 기도를 듣고 무슨 말인지 싶었을 것입니다. 그들이 예수님을 따르는 것은 이스라엘의 번영을 위한 것이고 자신들의 꿈을 이루기 위한 것처럼 다른 야망이 있어서였습니다. 또 그들은 예수님의 말씀을 지킨 적도 없었습니다. 그래서 예수님을 부인하고 도망갈 때에 다시 이 말씀을 기억하면서 도대체 그 기도가 무엇인지 질문했을 것입니다. 물론 그때만 해도 충격은 받았을지 몰라도, 깨닫지는 못했습니다. 그러나 후에 이 기도를 깨닫게 됩니다.

8절을 보면 "지켰다"라는 것이 무엇인지 우리에게 구체적으로 말씀해 주십니다. "나는 아버지께서 내게 주신 말씀들을 그들에게 주었사오며 그들은 이것을 받고 내가 아버지께로부터 나온 줄을 참으로 아오며 아버지께서 나를 보내신 줄도 믿었사옵나이다." 여기에 제자들에게 해당되는 동사가 3개 나옵니다. "받았고", "알고", "믿었다." 이것을 항상 기억하십시오. 하나님의 이름을, 하나님의 은혜를 받지 않은 자는 하나님의 자녀가 될 수 없습니다. 은혜를 받았고, 그 은혜가 무엇인지를 알았고, 그것을 믿는 그들을 하나님의 백성으로 하나님께서 인정하십니다. 얼마나 감사한 일입니까?

성도 여러분, 하나님은 중심을 보신다고 했습니다. 비록 연약해서 도망가고 실수하며 부서지지만, 그 중심에 정말 하나님의 이름을, 은혜를 받았고 알았고 믿으면 그 사람이 하나님의 자녀입니다. 다시 말씀드립니다. 아직 행동하는 것이 없습니다. 아직 선행도 없습니다. 아직 온전하지 않습니다. 아직 지키지 않았습니다. 그러나 하나님 보시기에는 하나님의 은혜를 받았고 알았으며 믿었습니다. 그들이 '내게 주신 자'이며, 이것이 구원의 역사이며 구원의 방식입니다. 이 방식이 아니면 어느 누가 구원받겠습니까? 이것이 은혜입니다. 하나님의 은혜를 예수 그리스도 안에서 비로소 알았습니다. 받았습니다. 믿었습니다. 그 중심이 변화된 것입니다. 마음이 변화되었습니다. 그래서 영생이 그 안에 있습니다. 이제 영생을 가짐으로 그 은혜를 계속해서 받았음을 확증하고, 갈급하며 구하고, 알고 믿는 자로 오늘을 살아가게 됩니다.

성도 여러분, 우리가 행위를 말하고, 선행을 말하고, 하나님의 일을 말하지만, 이 모든 것이 귀한 일이지만, 은혜와 믿음은 행위 이전의 문제입니다. 은혜를 모르는 자의 행위는 자기의 의를 높이는 것입니다. 위선입니다. 은혜를 받고, 알고, 믿는 자의 행위는 은혜에 대한 응답일 뿐입니다. 은혜의 결과입니다. 믿음의 결과입니다. 은혜를 많이 받고, 알고, 믿는 자는 하나님께 영광 돌리는 삶을 살고 하나님의 일에 힘씁니다. 하지만 그 은혜가 추상적이고 받은 은혜가 적으며 원망과 불평 속에 그 은혜에 만족하지 못한 사람들은 하나님의 일을 하지 않을 것입니다. '은혜를 받아라. 하나님께 복 받아라'라고 하는 것은 종교입니다. 복음을 받으면 받은 만큼 하게 됩니다. 그래야 은혜가 은혜를 더 합니다.

결국, 예수님의 제자들을 보십시오. 우리는 서신서를 통해서 다 압니다. 이때는 이 기도가 무엇인지를 몰랐습니다. 내가 누군지를 몰랐습니다. 안다고 하지만, 실제로는 몰랐습니다. 성령께서 복음의 비밀을 깨우쳐주신 다음 이들은 은혜 받았음을 정말 압니다. 믿었습니다. 그리고 변합니다. 정말 하나님의 뜻이 이루어집니다. 온전한 사람이 됩니다. 은혜에 합당한 삶을 살았습니다. 위대한 인생을 살았습니다. 하나님께서는 이 모든 것을 이미 아셨습니다. 계획하셨고 그리고 하나님께서 행하셨습니다. 하나님께서 우리의 구원에 개입하지 않으시면 구원을 완성할 수 없습니다. 하나님께서 개입하시기에 계속 그 은혜를 받았음을, 알았음을, 믿었음을 확인시켜 주기에 우리는 그 은혜에 이끌리어 하나님의 자녀답게 오늘을 살아갈 수 있습니다.

동방교회의 존경받는 한 사제에게 제자들이 질문했답니다. "스승님, 스승님께서는 우리가 믿음으로 구원받는다고 믿으십니까? 아니면 행위로 구원받는다고 믿으십니까?" 그러자 조용히 웃으면서 이렇게 말했답니다. "어느 쪽도 아니다. 우리는 오직 하나님의 은혜로 구원받는다." 성도 여러분, 은혜 없는 믿음은 아무것도 아닙니다. 그것은 종교적 신념입니다. 자기 확신일 뿐입니다. 성도의 믿음은 항상 은혜가 전제되어 있는 것입니다. 은혜를 받았기에 믿는 것입니다. 은혜를 받았기에 아는 것입니다. 은혜를 알기에 믿음으로 확신하며 오늘을 살아가는 것입니다. 그것이 복음의 증인입니다. 그래서 종교개혁자들은 오직 은혜, 이것이 먼저입니다. 그리고 오직 믿음입니다. 오직 은혜가 선행되어야 합니다. 은혜가 은혜 될 때 믿음이 굳건해지고 은혜의 사람으로 하나님과 기도로 교통하며, 하나님의 일을 이루며 오늘을 살아가게 됩니다. 이것을 잊어서는 안 됩니다. 예수님은 중보기도를 통하여 모든 믿는 자들이 이 위대한 하나님의 은혜를 깨닫고, 그 은혜 안에 기도하기를 원하십니다.

성도 여러분, 성도의 기도, 성도의 정체성, 성도의 인생은 오직 하나님께로부터 시작됩니다. 하나님의 은혜로부터 시작됩니다. 그래서 복음 안에서 복음적 생각과 방식을 따라 오늘을 살아가야 하나님의 뜻을 분별하며 그 뜻을 이루며 살아가게 됩니다. 이 모든 것이 하나님의 은혜요, 성령의 역사입니다. 이 은혜를 받고, 알고, 믿는 자로 하나님께 영광을 돌리며 오늘을 살아가시기 바랍니다.

기도

전지전능하신 은혜의 하나님, 놀라운 하나님의 은혜를 받았으나 받지 않은 자인 것처럼, 알았으나 알지 못하는 자인 것처럼, 믿었으나 믿지 않는 자인 것처럼 살아가는 미련한 불신앙의 사람들을 용서하여 주시옵소서. 중보자 예수 그리스도께서 그 은혜를 나타내셨고, 지금도 우리를 위하여 그 은혜를 받았음을, 알았음을, 믿었음을 기대하며 기도하고 계시건만, 아직도 은혜에 합당한 삶을 살지 못하는 죄인을 용서하여 주시옵소서. 성령이시여, 예수님의 이 기도가 나의 기도가 되어 복음의 비밀을 알며, 하나님의 놀라운 주권적 은혜를 받은 자로, 아는 자로, 믿는 자로, 이 시대에 하나님의 사람으로, 하나님께 속한 자로 하나님께 영광을 돌리며 승리하는 삶을 살도록 지켜주시옵소서. 우리 주 예수 그리스도의 이름으로 간절히 기도드리옵나이다. 아멘.

05

그들 안에서 영광을 받으신 예수

나는 아버지께서 내게 주신 말씀들을 그들에게 주었사오며 그들은 이것을 받고 내가 아버지께로부터 나온 줄을 참으로 아오며 아버지께서 나를 보내신 줄도 믿었사옵나이다 내가 그들을 위하여 비옵나니 내가 비옵는 것은 세상을 위함이 아니요 내게 주신 자들을 위함이니이다 그들은 아버지의 것이로소이다 내 것은 다 아버지의 것이요 아버지의 것은 내 것이온데 내가 그들로 말미암아 영광을 받았나이다

– 요한복음 17:8-10

05

그들 안에서
영광을 받으신 예수

　이상적인 국가상을 그린 명저 『유토피아』의 저자인 토머스 모어는 영국의 귀족이었으며 그리스도인이었습니다. 토머스 모어는 무고한 중상모략으로 억울하게 사형선고를 받고 죽습니다. 재판정에서 재판관이 사형을 언도하자, 그때 토머스 모어는 유명한 말을 남겼습니다. "재판장님, 오늘만 제가 당신을 친구라고 부르게 해주십시오. 친구여, 당신과 나와의 관계가 바울과 스데반의 관계가 되기를 나는 원하오. 바울은 스데반을 미워하여 돌로 쳐 죽인 사람이지만, 바울은 후에 예수님을 믿고 평생 복음 증거자의 인생을 살았으며, 지금은 하늘나라에서 스데반과 가장 가까운 친구로서 손잡고 영원히 살고 있소. 비록 당신이 나에게 사형을 언도했지만, 당신도 예수 믿고 후에 저 하나님 나라에서 나와 함께 손잡고 영원히 기뻐하며 행복하게 사는 친구가 되기를 바라오."

이 말에 재판관은 큰 충격을 받습니다. 그리고 물었습니다. "당신에게 사형을 언도하는 나에게 어찌하여 이렇게 선한 말을 하는 것이오?" 그때 토머스 모어는 이렇게 대답했다고 합니다. "그렇게 할 수 있는 것은 예수님께서 나에게 먼저 은혜를 베푸셨기 때문입니다." 깊이 생각해 보시기 바랍니다.

그리스도께 영광 돌리는 것

성도 여러분, 예수님을 구주로 영접한 하나님의 자녀는 예수님께 영광 돌리는 삶을 목적으로 오늘을 살아갑니다. 그것이 영생의 삶입니다. 왜 그러한 삶을 살아가야 하고, 그런 결단을 하느냐고 묻는다면 그 대답은 오직 주의 복음입니다. 예수님께서 우리를 위하여 행하신 모든 구원의 사역을 깊이 묵상해 보십시오. 정말 예수님을 믿는다면 그렇게 될 수밖에 없습니다. 우리 모두는 예수 그리스도 안에서 영생을 얻고 가치관과 세계관과 인생관이 변화된 사람입니다. 그래서 그리스도를 따르는 삶을 기뻐하며, 그리스도의 이름과 영광을 나타내는 삶을 오늘 살아가게 됩니다. 아직도 이러한 삶을 지향하지 못하고 살지 못한다면 그는 잘못된 신앙생활을 하는 것입니다. 단지 종교인일 뿐입니다. 어떻게 생각해 보면, 아직 영생을 받지 못한 것입니다.

오래전 미국 교회의 주일예배에서 있었던 일입니다. 그 교회의 강대상 뒤에 큰 스테인드글라스가 있었고, 그 중심에 예수님의 얼굴이 각인되어 있었습니다. 목사님이 열정적으로 설교를 하고 내려오시는데, 그 앞에 있던 어린 소녀가 엄마에게 이런 말을 하는 것을 목사님이 들었습니다. "엄마! 목사님이 없으니까 예수님이 잘 보여." 이 일을 목사님은 영적으로 받아들였습니다. 큰 깨달음을 받았다고 말했습니다. '아, 그렇구나! 내가 아무리 하나님의 일에 열심을 내도 결국 그리스도의 영광이 나타나지 않으면 아무것도 아니구나!' 이것을 잊어서는 안 됩니다.

모든 그리스도인의 특권과 책임은 그리스도께 영광 돌리는 일에 있습니다. 성도 여러분, 아무나 그리스도께 영광을 돌릴 수 있는 것이 아닙니다. 내가 헌신하고 열심히 한다고 해서 그리스도의 영광이 나타나는 것이 아닙니다. 그리스도께서 그 일을 영광스럽게 받으시는 게 아닙니다. 이것은 특권입니다. 그리스도인이 예수를 구주로 고백하고 영접했다는 의미는 바로 이것입니다. 구주를 알리는 것입니다. 구주를 높이는 것입니다. 이것이 마땅합니다. 그런데 이 일에 관심이 없고 열정이 없다면, 그는 잘못된 인생관과 정체의식으로 오늘을 살아가는 사람입니다. 그리스도인의 존재 이유와 목적은 예수 그리스도를 영화롭게 하는 것입니다. 이걸 항상 기억해야 합니다. 오늘도 살아 계신 그리스도께서 하나님의 자녀들을 통하여 영광 받으시기를 기다리시고 기뻐하십니다. 이것이 예수 그리스도 안에 나타난 하나님의 뜻입니다. 그 뜻이 그리스도 안에서 성취된 것을 예수님께서 기뻐하십니다.

예수님은 지금 기도하고 계십니다. 십자가를 앞에 두시고 유언과 같은 기도를 하시며, 그 기도를 제자들이 듣게 하시고 알게 하십니다. 그리고 오늘 이렇게 기도하셨습니다. "내가 그들로 말미암아 영광을 받았나이다." 그들 속에서, 그들 안에서 내가 영광을 받았다고 말씀합니다. 엄청난 계시의 기도입니다. 이 기도를 듣고 제자들이 깜짝 놀랐을 것입니다. 잊을 수 없는 기도입니다. 왜냐하면 그들은 영광을 돌리지 못했기 때문입니다. 시기하고, 질투하고, 온전한 믿음의 삶을 살지 못했는데, 예수님은 십자가에 죽으시기 전날 하나님께 이렇게 기도하십니다. 그 기도는 반드시 성취되는 기도입니다. "그들 안에서 내가 영광을 받았나이다." 그들은 "주여!" 하면서 자신의 영광을 먼저 구하며 살았는데, 주님은 그들을 통해서 영광을 받으셨다고 기도하고 계십니다. 평생 기억할 것입니다. 기도할 때마다 이 기도문을 생각했을 것입니다. 그리고 그 기도의 내용이 무엇인지 깊이 생각했을 것입니다. 결국 그 기도가 그들의 기도가 되며, 그 기도대로 그들의 인생이 이루어집니다. 그들 모두가 주님께 영광 돌리는 삶을 살다가 하늘나라에 갔습니다.

우리가 하나님께 영광 돌리고 싶어도 그 영광을 가로막는 큰 장애물 세 개가 있습니다. 먼저는 나 자신입니다. 자꾸 나의 영광이 앞섭니다. 주님께 영광을 돌리며 주님의 일을 하겠다고 하면서도 내 일이 먼저고, 내 뜻을 먼저 이루려고 합니다. 이런 자아성취가 주님의 영광을 가로막고 없애버립니다. 두 번째는 세상입니다. 세상의 관점과 사고방식으로 살아가는 동안 아무리 내가 하나님의 일을 한다고 하더라도 그리스도의 영광이 나타나지 않습니다. 이것을 분명히 기억해야 합니다. 그리고 세 번째가 가장 큰 장애물인데, 사탄의 역사입니다. 사탄의 목적은 그리스도의 영광을 가로막고 방해하는 것입니다. 오늘도 왕성하게 사탄의 역사가 나타나고 있습니다. 그런고로 이 장애물을 제거해야 합니다. 때문에 그리스도께 영광 돌리는 삶을 목적으로 살아가는 사람은 매일매일 기도합니다. 성령께 기도합니다. 성령께서 도와주셔야 가능합니다. 성령께 내 삶을 의탁하고, 성령께서 나를 주의 길로 인도해 주셔야만 이 거룩한 목적이 나를 통해서 이루어진다는 것을 너무나 잘 알고 있기 때문입니다.

하나님의 방식으로서의 오직 한 길

성도 여러분, 어떻게 해야 그리스도께 영광 돌리는 삶을 살아갈 수 있습니까? 오직 한 길뿐입니다. 하나님의 방식으로만 가능합니다. 나의 방식, 세상의 방식으로는 안 됩니다. 절대 안 됩니다. 예수님께서 산상수훈의 결론으로 마태복음 7장 21절부터 23절에서 무서운 경고를 하셨습니다. "주여 주여 하는 자마다 다 천국에 들어가지 못한다." 그런데 그들은 굉장히 열심이 있는 사람들입니다. 그래서 이렇게 항의합니다. "우리는 주의 이름으로 선지자 노릇을 했으며, 주의 이름으로 귀신을 쫓아내고, 주의 이름으로 많은 권능을 행하였나이다." 다시 말해서 주의 이름으로 주님께 영광 돌리는 일을 이렇게 했는데 이게 무슨 말씀이냐고 묻고 있습니다. 그러나 그 속에 함축된 말은 이것입니다. "너희는 너의 영광을 드러낸 거야. 그 속에는 나를 향한 영광이 전혀 없어." 그렇기에 그들은 하나님의 일을 한다고 하지만, 천국에 들어가지 못하는 것입니다. 항상 기억해야 합니다. 즉 하나님의 방식은 항상 예수 그리스도 안에 있습니다. 예수님께서는 어떻게 하나님께 영광을 돌리셨습니까? 하나님의 방식으로만 가능합니다. 그래서 예수님께서 이 땅에 내려오시어 하나님을 계시해 주십니다. 예수님께서 하나님께 영광 돌리는 그 방식으로만 우리는 하나님께 영광 돌리며, 그리스도의 이름을 높일 수 있습니다.

예수님은 먼저 오직 믿음으로 하나님께 영광을 돌렸습니다. 그게 성경 전체의 기록입니다. 예수님의 기도에 모두 나타납니다. 오직 믿음으로만 우리도 그리스도께 영광 돌릴 수 있음을 항상 기억해야 합니다. 어떤 믿음입니까? 먼저는 하나님과의 바른 관계의 믿음입니다. 하나님은 유일하신 참 하나님입니다. 우리는 피조물입니다. 그리스도인인 나는 하나님의 것이요, 하나님의 백성이요, 하나님께 속한 자입니다. 이 관계에 대한 확신을 가지고 오늘을 살아가야 합니다.

모든 상황에서 그렇습니다. 교회에 있을 때나, 가정에 있을 때나, 사회생활을 할 때나, 모든 상황에서 나는 하나님께 속한 자임을 믿는 삶으로 하나님께 영광 돌리는 것입니다. 그 믿음 자체를 하나님께서 기뻐하십니다. 또한 슬플 때나 기쁠 때나, 실패할 때나 성공할 때나, 병중에 아플 때나 건강할 때나, 모든 상황 속에서 하나님과의 바른 관계의 믿음을 가지고 오늘을 살아가야 합니다. 그리고 하나님의 말씀에 대한 믿음을 가질 때 우리는 그 자체로 그리스도께 영광을 돌리는 것입니다. 성경용어로 말하면 이렇습니다. "내게 주시는 말씀을 받고, 알고, 믿음으로" 하나님께 영광 돌리는 것입니다. 그래서 예수님은 8절에서 이렇게 기도하셨습니다. "나는 아버지께서 내게 주신 말씀들을 그들에게 주었사오며." 깊이 생각해 보십시오.

예수님은 하나님이십니다. 그런데 그분도 항상 말씀을 받으셨습니다. '내게 주신 말씀', 그것만 전하셨습니다. 예수님이 하고 싶은 말씀을 말하면서 이것이 하나님의 말씀이라고 하신 것이 아닙니다. 내게 주시는 말씀을 받고, 알고, 들었습니다. 그리고 그 말씀을 제자들에게 주셨습니다. 내게 주시는 살아 있는 하나님의 말씀을 믿을 때, 그것이 그리스도의 영광을 나타냅니다. 주일예배에서 내게 주시는 말씀을 들어야 합니다. 성경 안에서 내게 주시는 말씀을 들어야 합니다. 그 말씀이 내게 들리는 하나님의 말씀으로 받아들여지고, 깨달아지고, 믿어지는 것입니다. 그 순간 우리는 그리스도께 영광을 돌립니다.

그렇기에 그리스도의 종들은, 심지어 예수님조차도 자랑할 게 없습니다. 왜냐하면 내게 주신 말씀이기 때문입니다. 내게 주신 말씀을 전했을 뿐인데 무슨 자랑이 있겠습니까? 자랑이 있다면 내게 주신 말씀뿐입니다. 오직 하나님의 은혜뿐입니다. 이미 그 믿음으로 그리스도의 영광을 나타내고 있다는 사실을 기억해야 합니다. 그리고 예수님을 나의 구주로 영접했을 때 이미 그 안에서, 그 믿음으로 그리스도께 영광을 돌리는 것입니다. 예수님이 누구신지 또 무슨 일을 하셨는지 정확하게 알고 믿을 때 그리스도의 영광을 나타내는 것입니다.

하나님께 영광 돌리신 예수님

예수님은 성육신하신 하나님이십니다. 이 땅에 오신 아들 하나님이십니다. 하나님이 보내신 아들, 예수님이십니다. 그 사실을 믿음으로 그리스도께 영광 돌리는 것입니다. 십자가에서 이런 일을 하십니다. 구원의 역사가 온전히 이루어졌습니다. 그 사실을 알고 믿을 때 우리는 이미 그리스도께 영광 돌립니다. 부활과 승천, 살아 계신 그리스도를 인식하고, 고백하고, 믿을 때 이미 그리스도를 높이며 나타내는 삶이 시작됩니다. 그때 그리스도께 영광 돌리는 것입니다. 그럴 때 비로소 우리는 예수님을 '주, 나의 주'라 고백합니다. 제자들은 온전한 믿음을 갖지 못했지만, 그 믿음의 씨앗이 뿌려졌습니다. 그 중심을 보셨습니다. 이 믿음을 보시고 예수님께서 말씀하십니다. 사실 그들이 한 게 아무것도 없습니다. 아직 영광 돌리지 못했음에도 불구하고 주님께서 말씀하십니다. "그들 안에서 지금 내가 영광을 받았다." 그래서 그들은 이 믿음으로 한평생 그리스도께 영광을 돌리며 승리하는 삶을 살았습니다.

중국선교의 아버지 허드슨 테일러의 유명한 일화입니다. 그는 중국에서 약 7년째 선교활동을 했는데, 몸이 극도로 쇠약해졌습니다. 어쩔 수 없이 치료가 불가피해서 영국으로 돌아갑니다. 요양을 끝내고 다시 돌아갈 때는 16명을 이끌고 같이 갑니다. 그런데 놀라운 것은 어떤 선교단체에도, 어떤 교회에도 후원을 요청하지 않고 그냥 갔습니다. 가까운 사람들이 너무나 안타까워 걱정하며 왜 그렇게 하냐고 물을 때, 이런 유명한 말을 합니다. "저는 아이들까지 데리고 갑니다. 저희 아이들에게 하루 세 끼가 필요하다는 걸 저는 잘 알고 있습니다. 하지만 하나님 아버지께서는 저희에게 필요한 것이 무엇인지 저보다 훨씬 더 잘 아시고, 생각하시고, 잊지 않으시리라는 것을 나는 확실히 믿고 있습니다." 성도 여러분, 이 믿음으로 살아갈 때 주께 영광 돌리는 것입니다.

그리고 하나님의 자녀가 증인으로 살아갈 때, 곧 그리스도에 대한 증인으로 살아갈 때 주께 영광을 돌립니다. 주님을 믿으면 그 믿는 바를 증거할 수밖에 없습니다. 내 안에 있는 변화를 증거할 수밖에 없습니다. 한마디로 전도자의 삶을 통해서 주님께 영광을 돌립니다.

사도행전을 한번 생각해 보십시오. 한번 읽어보십시오. 이 평범한 제자들이 성령 충만함을 받고 완전히 변합니다. 오직 그리스도의 증인으로 살아갑니다. 오직 예수님의 십자가와 부활을 증거하며 살아갑니다. 매를 맞고 감옥에 갇히며 순교하지만, 그들 각자가 오직 그리스도의 증인으로 살아갑니다. 이러한 삶을 통하여 그리스도께서 영광 받으신다는 사실을 기억해야 합니다. 이 상황에서 보면 아직 그들은 복음의 증인이 아닙니다. 그 이유는 아직 십자가의 역사가 나타나지 않았기 때문입니다. 아직 예수님께서 부활하지 않으셨기 때문입니다. 아직 성령께서 강림하지 않으셨기 때문입니다.

그러나 예수님은 십자가를 앞에 놓으시고, 부활을 앞에 두고 성령께서 오시는 일을 다 아시면서 확신하십니다. "그들 안에서 내가 영광을 받았나이다." 이 기도가 그들의 삶을 통해서 온전하게 성취됩니다. 그것이 사도행전입니다. 성도 여러분, 모든 하나님의 자녀는 이 고유한 사명으로 부르심을 받은 자입니다. 목회자만, 선지자만, 사도들만, 선교사만 복음의 사명이 있는 것이 아닙니다. 전도자의 사명은 모든 하나님의 부르심을 입은, 하나님께서 예수님께 주신 하나님의 자녀들, 그들 모두에게 있다는 사실을 기억해야 합니다.

그리스도께 영광 돌리는 삶

우리가 이 땅에서 살아가는 존재 이유가 바로 이것입니다. 그래서 18절에 예수님께서 이렇게 기도하십니다. "아버지께서 나를 세상에 보내신 것 같이 나도 그들을 세상에 보내었고." 성도 여러분, 우리가 이 세상을 살아가는 이유는 인간적 관점에서 여러 가지가 있겠지만, 영적인 관점에서 하나님의 뜻은 세상에 보내진 존재라는 것입니다. 저는 그런 생각을 종종 합니다. 여러분들도 그러실 것입니다. 천국은 당연히 정말 있고 좋은 곳이지요. 그런다면 예수 믿자마자 중생하고 곧바로 천국 가야 됩니다. 어차피 갈 곳이니 말이지요. 그런데 왜 이렇게 많은 어려움을 겪고 애통하는 마음으로 세상을 살아야 합니까? 곧바로 천국 가는 게 최고의 복일 수 있습니다. 그런데 왜 우리는 여기에 남아 있는 것입니까?

하나님께 이유가 있습니다. 성경 본문에서 예수님은 말씀하십니다. 이렇게 기도하십니다. "아버지께서 나를 세상에 보내신 것 같이 나도 그들을 세상에 보내었고." 우리는 예수님께서 이 세상에 남겨놓으신 사람들입니다. 예수님의 증인으로 살라고 보낸 자라는 사실을 기억해야 합니다. 이걸 잊어서는 안 됩니다. 예수님께서 4절에서 이렇게 기도하셨습니다. "아버지께서 내게 하라고 주신 일을 내가 이루어 아버지를 이 세상에서 영화롭게 하였사오니." 이 방식으로만 하나님을 영화롭게 할 수 있습니다. 내게 주어진 하나님의 뜻에 순종함으로, 복음의 증인으로 살아감으로 그리스도를 영화롭게 할 수 있다는 사실을 잊어서는 안 됩니다. 우리가 전도할 때, 복음의 증인으로 살아갈 때 결과는 잊어버려야 합니다. 이것은 성경의 말씀입니다. 결과는 하나님께 있습니다.

목회자로서의 뼈저린 체험담인데, 다른 분들도 느끼실 이야기입니다. 제가 목회자로 자녀를 위해 얼마나 많이 기도하겠습니까? 그러나 제가 그들을 거듭나게는 못 합니다. 제가 영생을 줄 수 없습니다. 기도하고, 증인으로 살아갈 뿐입니다. 결과는 하나님께 있습니다. 누군가를 위해 1년을, 10년을 기도했어도 만일 거듭나지 못하면 다 실망하고 낙심하고 말 것입니다. 교회에 출석하게 하고 등록하게 할 수는 있습니다. 하지만 정말 영생을 소유한 자로 거듭나지 못한다면 소용없는 일입니다. 그래서 내가 며칠을 기도하면 이런저런 일이 일어난다고 하는 것은 다 가짜입니다. 전도의 결과는 우리에게 있는 것이 아닙니다. 하나님께 속한 것입니다. 우리는 단지 복음을 증거할 뿐입니다. 실제로 증거할 수밖에 없습니다. 그 복음으로 말미암아 내가 살아 있는 것입니다. 내가 변화되는 것입니다. 그 복음을 나타낼 수밖에 없습니다. 그런데 그 일이 그리스도께 영광 돌리는 일입니다. 얼마나 감사합니까? 예수님은 지금 그것을 기도하고 계십니다. 십자가와 영생의 복음을 전하고, 그 삶을 통하여 주께서 영광을 받으십니다.

또한 성도의 구별된 인생을 통하여 그리스도께 영광을 돌릴 수 있습니다. 그런고로 그리스도인은 이 세상에서 구별된 삶을 나타내야 합니다. 비록 우리는 죄인이고, 나약하고, 때로는 불신자만도 못할 때가 있습니다. 하지만 그것이 중요한 것이 아닙니다. 회개와 믿음이 중요합니다. 우리는 하나님께 속한 자요, 예수 그리스도의 사람이요, 하나님의 동역자입니다. 고유한 사명을 가지고 이 땅을 살아가는 존재입니다. 구별됨을 나타내야 합니다. 보여야 합니다. 세상에서 그리스도를 따르는 인생을 사모하고 자기를 부인하며 자신의 꿈과 영광을 내려놓습니다. 그리고 그리스도를 아는 지식을 갈망하며 충만함에 이르기를 기뻐합니다. 그리스도의 마음과 기도와 지식을 본받기를 기뻐하며 오늘을 살아갑니다. 그것이 구별된 인생입니다.

그런데 스스로 그리스도인이라 하면서 아직도 세상의 관점으로 살고 있습니다. 세상적 사고방식으로 살아갑니다. 자아가 죽지도 않고 나의 영광을 사모하며, 그것을 위해 기도합니다. 이것은 잘못된 인생입니다. '주여! 주여!' 외치지만 천국에 들어가지 못합니다. 이것을 분명히 알아야 합니다. 그렇기에 그리스도인은 항상 복음적 관점으로 살아갑니다. 복음적 생각과 방식을 따라 살아갑니다. 그 안에서만 살아 계신 그리스도를 만날 수 있고, 하나님의 음성을 들을 수 있고, 하나님의 은혜와 사랑을 체험하며 기뻐할 수 있기 때문입니다.

성도 여러분, 에덴낙원이 바로 그런 곳입니다. 구별됨입니다. 그리스인은 구별되어야 합니다. 죽을 때도 구별되고, 죽어서도 구별되고, 죽기 전에도 구별되어야 합니다. 죽음 앞에서 모든 인류는 무너집니다. 죽음 다음을 모르기 때문입니다. 죽음을 이기는 것이 무엇이며, 죽음을 직면하는 것이 무엇이며, 죽음을 준비하는 것이 무엇이며, 죽음 앞에 실존하는 구별된 삶을 보여줘야 합니다. 천국을 바라보고 갈망하며, 천국을 준비하고 천국복음을 나타내는 삶을 나타내야 합니다. 그래야 그리스도께 영광 돌리는 삶이 있기 때문입니다.

성도 여러분, 여러분은 예수 그리스도 안에서 얼마나 감사하고 기뻐하며 만족하면서 살아갑니까? 만약 그렇게 살아간다면 그리스도의 영광을 나타내며 살아가는 것입니다. 그런데 만일 그렇지 못하다면 잘못된 인생을 살아가는 것입니다. 즉시 깨어 기도하며 복음으로 돌아와야 합니다. 예수 그리스도께 돌아와야 합니다. 그리스도의 복음을 깊이 묵상하고 믿어야 합니다. 그럴 때 우리는 그리스도의 영광을 향한 삶으로 나아갈 수밖에 없습니다. 특별히 우리가 크게 기뻐하고 만족할 때 예수님께서 영광을 받으십니다. 우리가 그리스도의 영광을 나타내는 삶을 아직도 살아가지 못한다면, 우리 안에는 항상 원망과 불평과 낙심과 절망과 두려움이 있을 것입니다. 이러한 상태에서의 삶은 그리스도의 영광을 가로막습니다. 그리스도의 영광은 항상 존재합니다. 그런데 그걸 스스로 가로막고 있는 것입니다. 자신이 무슨 일을 해서 그리스도의 영광을 나타내는 것이 아닙니다. 하나님의 은혜의 그 영광을 알고, 받고, 믿음으로 증거함으로 나타나는 것입니다. 그런데 그것을 스스로 막고 있는 것입니다. 하나님의 은혜와 사랑을 막고 있는 것입니다. 이것을 회개해야 합니다.

복음의 증인으로 영광 돌리는 삶

19세기 영국 런던에서 가장 유명한 설교자였던 알렉산더 맥클라렌 목사님의 일화입니다. 어느 주일에 그 도시의 가장 유명한 무신론자가 교회에 출석했습니다. 목사님은 너무나 기뻐서 예배를 마치고 직접 찾아가서 말했습니다. "내가 당신을 위해서 4주간 기독교 신앙의 주요 교리를 설교하겠습니다. 그러니까 꼭 나와주세요." 정말 4주를 나왔습니다. 그리고 4주 후에 그가 찾아와서 말했습니다. "목사님, 저 예수 믿고 구원받고 싶습니다. 예수님 믿겠습니다." 목사님이 너무나 기뻐 물었습니다. "도대체 어느 설교에 그렇게 크게 감동을 받아서 예수 믿기로 결심하셨습니까?" 그러자 그는 이렇게 대답했습니다.

"목사님의 설교가 물론 도움이 되었습니다. 그러나 제가 기독교인이 되는 데 결정적인 역할을 한 것은 한 할머니였습니다. 몇 주 전 교회에서 나가다가 얼굴에 기쁨이 가득 찬 할머니 한 분을 보았는데, 길이 얼어서 걷기에 불편했기 때문에 제가 좀 도와드렸습니다. 그러자 저를 쳐다보면서 이렇게 말씀하셨습니다. '선생님, 제 구주이신 예수님을 선생님도 아시는군요. 예수님은 제 인생 전부입니다. 선생님도 예수님을 사랑했으면 좋겠습니다.'" 예배 후에 한 성도의, 한 할머니의 기쁨에 찬 얼굴과 그분의 증언이 이 사람을 크게 감동시켰다는 것입니다.

성도 여러분, 때를 얻든지 못 얻든지 우리는 복음의 증인으로 살아갑니다. 그리스도의 증인으로 오늘을 살아갈 때 주께서 영광 받으십니다. 하나님의 사람 사도 바울을 기억하십시오. 그리스도께 영광 돌리는 삶에 가장 본이 되는 인물입니다. 그는 빌립보서에서 말합니다. 감옥에 갇혀서 고통 받고 언제 죽을지 모르는 위기상황에 있었지만, 그는 선언합니다. "주 안에서 항상 기뻐하라. 내가 다시 말하노니 항상 기뻐하라." "내가 주 안에서 크게 기뻐하노라." 즉 감옥에서 언제 죽을지 모르는데도 기뻐했고 그 편지가 성경이 되었습니다. 그리스도께서 영광을 받으셨습니다. 너무나 기뻐하셨습니다.

그런가 하면 고린도전서 15장 10절은 말씀합니다. "내가 나 된 것은 하나님의 은혜로 된 것이니라." 크게 존경받고, 평생을 하나님의 일에 헌신한 것을 다 압니다. 그런데 하나님의 은혜가 없었다면 아무것도 아닌 것입니다. 그렇기에 그는 증거합니다. "오직 하나님의 은혜로 내가 오늘 있는 것이다." 이 믿음의 고백으로 주께서 영광 받으십니다. 특별히 갈라디아서 2장 20절에서 그는 고백합니다. "이제는 내가 사는 것이 아니요 오직 내 안에 그리스도께서 사시는 것이라." 성령 충만하여 살아 계신 그리스도를 인식하며 믿음으로 살고 보니, 내 안의 주인이 내가 아닙니다. 내 자아는 사라졌습니다. 나의 영광은 다 사라졌습니다. 오직 복음만이, 그리스도만이 남습니다.

살아 계신 그리스도께서 내 안에서 사신 것입니다. 이 삶의 고백과 증거로 그리스도께서 영광 받으셨습니다. 그 설교가 기록되어 성경이 됩니다.

성도 여러분, 영생을 소유한 자는 영생을 주신 그리스도 안에서 그리스도를 아는 지식을 갈망하며 충만함을 기도해야 합니다. 그럴 때 그리스도를 따르는 삶을 살게 되며 그리스도의 영광을 나타내는 삶을 살게 됩니다. 이러한 사람은 매일매일 기도할 것입니다. "성령이시여, 나를 도우소서. 나를 도우소서. 미천한 죄인이지만 나를 통하여 주의 영광이 나타나기를 원합니다. 내 인생을 통해서, 부족한 나의 삶을 통해서 주의 영광이 나타나 주의 기도가 내 안에 이루어지기를 바랍니다." 이렇게 기도하며 살아가야 할 것입니다.

기도

전지전능하신 은혜의 하나님, 오직 예수 그리스도 안에서 주의 복음을 듣고, 믿음으로 하나님의 자녀 되게 하시고, 예수를 주라 고백하고, 그리스도를 따르는 삶을 통하여 이 땅에서 복음의 증인으로 영광된 삶을 살게 해주심을 진심으로 감사드립니다. 성령이시여, 살아 계신 그리스도가 내 안에 살아 계심을 인식하며 고백함으로 진실로 삶의 목적을 그리스도의 영광을 나타내는 데 두어 주 안에서 기뻐하고, 감사하며, 만족하여 그리스도의 복음을 나타내며, 그리스도의 영광을 나타내는 승리의 삶을 살아갈 수 있도록 끝까지 우리를 지켜주시옵소서. 우리 주 예수 그리스도의 이름으로 간절히 기도드리옵나이다. 아멘.

06

그들을 보전하소서

나는 세상에 더 있지 아니하오나 그들은 세상에 있사옵고 나는 아버지께로 가옵나니 거룩하신 아버지여 내게 주신 아버지의 이름으로 그들을 보전하사 우리와 같이 그들도 하나가 되게 하옵소서 내가 그들과 함께 있을 때에 내게 주신 아버지의 이름으로 그들을 보전하고 지키었나이다 그 중의 하나도 멸망하지 않고 다만 멸망의 자식뿐이오니 이는 성경을 응하게 함이니이다 지금 내가 아버지께로 가오니 내가 세상에서 이 말을 하옵는 것은 그들로 내 기쁨을 그들 안에 충만히 가지게 하려 함이니이다 내가 아버지의 말씀을 그들에게 주었사오매 세상이 그들을 미워하였사오니 이는 내가 세상에 속하지 아니함 같이 그들도 세상에 속하지 아니함으로 인함이니이다 내가 비옵는 것은 그들을 세상에서 데려가시기를 위함이 아니요 다만 악에 빠지지 않게 보전하시기를 위함이니이다

– 요한복음 17:11-15

06

그들을
보전하소서

1892년, 하나님의 사람 무디 목사님이 영국에서 사역을 마친 뒤 귀국 길에 올랐을 때의 일입니다. 그는 많은 사람과 아쉬운 작별인사를 나누고 드디어 미국으로 향하는 배에 몸을 실었습니다. 그런데 출항한 지 3일이 지났을 때, 갑자기 배의 축이 부러지면서 배가 멈춰버렸고 배 안에 물이 차기 시작했습니다. 선원들과 승객들은 무척 당황했고 순식간에 아수라장이 되었습니다. 근처에 구조선도 없었으므로 언제 배가 침몰할지 아무도 알지 못했습니다. 그렇게 불안한 이틀을 보내고, 무디 목사님은 선장에게 집회를 열겠다고 했습니다. 놀랍게도 집회에는 승객 전부가 참석했습니다. 무디 목사님은 여전히 흔들리는 배에서 기둥을 한 손으로 잡고 성경을 펴서 시편 91편 1절 말씀을 크게 낭독했습니다. "지존자의 은밀한 곳에 거하는 자는 전능하신 자의 그늘 아래 거하리로다." 그리고 살아 계신 하나님의 역사에 대해 담대히 선포했습니다.

훗날 무디 목사님은 그 순간을 이렇게 기록했습니다. "내 삶의 가장 어두운 사건이었다. 그런데 기도 중 평안이 찾아왔다. 하나님은 나의 부르짖음을 들으시고, 영혼 깊은 곳에서 이런 고백이 나오게 하셨다. '주의 뜻이 이루어지이다.' 나는 자리에 눕자마자 순식간에 잠이 들었다." 그리고 마지막에 이렇게 기록했습니다. "하나님은 기도에 응답하셨고, 배를 무사히 구조하셨다." 무디 목사님에게 그 시편 말씀은 살아 있는 하나님의 말씀이 되었습니다. 세상에서 가장 안전한 곳은 바로 전능자의 그늘 아래, 곧 하나님의 날개 아래임을 깨닫게 된 것입니다. 깊이 생각해 보시기 바랍니다.

예수님의 중보기도

시편 46편 1절의 말씀입니다. "하나님은 우리의 피난처시요 힘이시니 환난 중에 만날 큰 도움이시라." 성도 여러분, 이 믿음으로 살며 이 믿음의 확신 속에 오늘을 살아가고 계십니까? 종교개혁자 마르틴 루터는 위대한 하나님의 종임에도 불구하고 평생을 로마 가톨릭 교회에 의하여 박해를 받았습니다. 죽을 고비를 수없이 넘겼습니다. 그때마다 이 말씀을 붙들고 기도하며 위대한 신앙고백을 했는데, 그 중에 찬송 가사로 기록된 것들이 있습니다. "내 주는 강한 성이다. 나의 피난처이며, 내가 숨을 수 있는 이 세상에서 가장 안전한 내 주는 강한 성이다." 성도 여러분, 세상 속에서 가장 안전한 곳은 어디입니까? 거듭난 그리스도인은 모두가 하나님의 사람 루터와 같이 고백할 것입니다. 주님의 품 안에서, 주님의 은혜의 날개 아래서 우리는 가장 안전함을 느끼고 고백하며 오늘을 살아가게 됩니다.

예수님께서 하나님의 자녀들을 위하여 중보기도하셨고, 오늘도 중보기도를 하고 계십니다. 본문 말씀은 예수님의 중보기도의 첫 번째 간구가 기록되어 있습니다. "그들을 보전하소서. 그들을 보전하여 지켜주소서." 이 첫 번째 간구는 의미상 예수님의 전체 중보기도의 핵심입니다. 이 기도를 잊어서는 안 됩니다. 예수님은 지금 십자가를 직면하시며 죽음의 위기 상황에 놓여 계십니다. 그럼에도 불구하고 그분의 관심과 사랑은 제자들과 하나님의 자녀들에게 있었습니다. 자신보다는 하나님의 백성들에게 더 깊은 관심과 열정을 갖고 기도하십니다. 그것이 중보기도입니다. 요한복음 17장은 총 26절로 구성되어 있는데, 그 중에서 다섯 절만 자신을 위해서 기도하시고, 나머지는 하나님의 자녀들을 위하여 중보기도하신 내용입니다. "그들을 보전하여 주소서." 이는 최후의 유언과 같은 기도입니다. 오늘도 이 기도를 하십니다.

성도 여러분, 예수님은 하나님의 자녀가 이 땅에서 성공하고 번영하며 장수하고 자아성취하기를, 또 세상이 유토피아가 되기를 기도하시는 분이 아닙니다. 그러신 적이 없습니다. 예수님은 마지막 죽음의 순간까지 하나님의 백성을 위하여 "그들을 보호하소서"라고 기도하십니다. "그들을 보전하고, 보호하고, 지켜주옵소서." 이 기도를 제자들이 듣게 하시고 알게 하셨습니다. 훗날 그들은 예수님께서 왜 이렇게 기도하셨는지, 이 기도의 내용이 무엇인지를 성령 충만하여 깨닫게 됩니다. 그리고 그들도 이와 같이 기도하며 승리하는 삶을 살았습니다.

예수님은 모든 상황을 아셨습니다. 하나님의 자녀들에게, 제자들에게 가장 필요한 것이 무엇인지를 아셨습니다. 그들에게 보호의 필요성, 보전의 필요성이 있어야만 하는 상황을 너무나 잘 아셨습니다. 예수님은 하늘의 보좌를 버리시고 이 땅에 오시어 33년을 사셨습니다. 세상 속에서 이 세상이 처한 상황을 너무도 잘 아셨습니다. 세상은 험악한 세상입니다. 하나님을 대적하는 세상입니다. 죄의 권세 아래 있는 세상입니다. 하나님이 없다고 하며 하나님을 경외하지도 않습니다. 하나님께 영광 돌리는 삶이 전혀 없는 세상입니다. 이것을 예수님은 너무나 잘 아셨습니다.

예수님조차도 세상에서는 하나님의 아들답게 살기에 너무나도 많은 유혹과 핍박이 있다는 것을 아셨습니다. 하물며 제자들이, 하나님의 자녀들이 하나님의 백성답게 살기에는 좋은 세상이 아니었습니다. 이것을 너무나 잘 아셨습니다. 특별히 하나님이 주신 사명을, 복음의 증인 된 사명을 지키기에는 너무나 힘든 세상입니다. 예수님께서 이미 잘 알고 계셨습니다. 하나님의 자녀들이 아무리 결심하고, 스스로의 열정과 노력과 헌신으로 하나님의 자녀답게 살기를 원하지만 불가능한 일임을 아셨습니다. 스스로의 힘으로는 안 된다는 걸 이미 아셨습니다. 그래서 기도하십니다. 간절히 기도하십니다. "그들을 보호해 주소서. 그들을 보전하여 주소서."

특별히 예수님은 하나님께 속한 하나님의 자녀들은 이제부터 사탄과 마귀의 표적이 됨을 아셨습니다. 사탄이 그냥 내버려 둘 이유가 없습니다. 안 믿는 사람은 그냥 내버려 둬도 됩니다. 어차피 사탄의 권세 아래 있으니까요. 하지만 하나님의 자녀는, 하나님께 부르심 받은 자녀는 내버려 두면 안 됩니다. 그들은 사탄의 첫 번째 표적이 됩니다. 예수님은 그런 상황을 아셔서 가장 먼저 기도하십니다. "그들을 보전하소서. 보호해 주소서."

그들을 보전하소서

성도 여러분, 오직 거듭난 그리스도인은 이 기도를 하며 살아갑니다. 보전의 필요성을 정말로 인식하며 오늘을 살아가는 사람입니다. 그러나 종교인과 안 믿는 사람들은 이 필요성을 잘 알지 못하여 자기가 힘들 때나 실패할 때만 때때로 깨닫습니다. 일상에서 하나님의 보전의 능력이 없이는 하나님의 자녀답게 살아갈 수 없음을 알지 못합니다. 예수님은 간절히 기도하십니다. "그들을 보전하소서."

그런데 누가 그들입니까? 온 인류가 아닙니다. 착각하지 마세요. 예수님은 제자들, 그리고 하나님의 자녀들만을 위하여 기도하셨습니다. 그 마지막 순간까지 예수님은 하나님께서 주신 백성들, 그들만을 위해 기도하셨던 사실을 항상 기억해야 합니다. 하나님의 자녀, 영생을 소유한 자, 거듭난 자들만을 위하여 기도하셨습니다. 그래서 기도하시며 12절에서 가룟 유다를 언급합니다. 가룟 유다는 예수님께서 택하셨고 3년을 함께했습니다. 3년 동안 가장 최고의 신앙교육을 받았습니다. 눈으로 보았고, 자신도 귀신을 쫓아내고 많은 능력도 행했습니다. 그러나 가룟 유다는 하나님께 속한 자가 아닙니다. 겉으로 보기에는 매우 훌륭한 그리스도인 같지만, 아닙니다. 종교인입니다. 주께 영광 돌리는 사람이 아닙니다. 영생이 없는 자입니다. 그래서 예수님은 말씀하십니다. "그는 멸망의 자식일 뿐이다." 예수님이 보호하지 않으셨습니다. 그를 위해서 보호의 기도를 하시지 않았습니다. 하나님이 보호하시지 않으셨음을 분명히 알아야 합니다.

그리고 이어 예수님께서 말씀합니다. "성경이 응하게 함이니이다." 하나님의 주권적 역사입니다. 자신에게 주신 백성들 외에는 예수님도 어쩔 수가 없으십니다. 예수님을 나의 구주로 전심으로 영접하지 않고는 구원받을 길이 없습니다. 나머지는 불신앙으로 스스로 멸망의 길로 갑니다. 성도 여러분, 거듭남의 중요성을 명백하게 인식하며 오늘을 살아가야 합니다. 영생을 소유했다는 것이 무엇인지, 그 중요성을 알아야 합니다. 예수님은 영생을 소유한 거듭난 하나님의 자녀들만을 위한 중보기도를 하셨고, 오늘도 하고 계십니다. 무엇보다도 하나님은 하나님의 자녀를, 하나님의 백성을 보호하시는 데 절대 실패하지 않으십니다. 여기에 대한 확신을 갖고 살아가야 합니다.

그래서 예수님은 가룟 유다를 논하십니다. 제자들 중에서 이 기도를 듣고 함께 생활했는데, 분명히 가장 명석하고 똑똑하며 열심이 있는 제자라고 생각하셨는데 멸망의 자식이라고 말씀하십니다. 결국 십자가 사건 후에 보니, 그는 사탄의 종이었습니다. 성경이 응합니다. 말씀대로 됩니다. 하나님께 속한 자녀가 아니었습니다. 그냥 내버려 둔 자였습니다. 제자들은 훗날 이 기도를 상기하며 비로소 깨닫게 됩니다. 그리고 내가 누구인지를, 내 선택과 결단 이전에 이미 하나님의 은혜가 있었음을 알게 됩니다. 내가 하나님께 속한 자로 택함 받았음을 알고, 이 기도의 중요성을 알며 기도로 승리하게 됩니다.

세상과 세상에 속한 자

성도 여러분, 우리가 잘 아는 구약성경을 한번 생각해 보십시오. 아브라함과 아브라함의 자손인 이삭, 야곱, 그리고 그 후손들이 자세히 기록되어 있습니다. 그 당시는 법과 질서가 없는 시기입니다. 약한 사람이나 그런 가문은 자신이 가진 것을 모두 다 빼앗기고 고통당하며 압제 받으면서 노예로 살다가 죽습니다. 그런 고대사회 시대였습니다. 그런데 이름 모를 아브라함의 자손은 끝까지 보전됩니다. 민족을 이루고 나라가 됩니다. 이것이 성경의 기록입니다. 어떻게 가능합니까? 하나님의 약속대로 된 것입니다.

또한 다윗의 가문을 생각해 보십시오. 그의 자녀 중에 부끄러운 사람이 많습니다. 그러나 다윗에게 약속하신 대로 그 자손을 보호해 주십니다. 그리고 그 후손에서 예수님이 출생하십니다. 이게 어떻게 가능합니까? 북이스라엘의 역사를 보면 잘못했을 때 심판받고 다 멸망합니다. 그런데 어떻게 다윗의 가문은 이처럼 끝까지 지켜주시고 보전해 주십니까? 하나님의 보전의 역사가 그들 위에 있었기 때문입니다.

다윗 당시에 사울 왕을 생각해 보십시오. 최초의 이스라엘, 하나님의 백성의 왕입니다. 스스로 하나님의 선택받은 종이라고 생각했을지 모르지만, 높임을 받고 많은 업적을 남긴 것 같지만, 그는 하나님께 속한 자가 아니었습니다. 하나님께 영광 돌린 자가 아니었습니다. 자기의 영광을 위하여 하나님의 이름을 부른 자입니다. 결국 그 가문은 보전 받지 못합니다. 그뿐만 아니라, 자식까지 다 멸망합니다. 자손이 끊어집니다. 이것이 성경의 기록입니다. 왜 그렇습니까? 하나님께 속한 자가 아니었던 것입니다.

성도 여러분, 하나님께서는 하나님의 방식으로 하나님의 자녀를 끝까지 보전하십니다. 이 믿음의 확신으로 오늘을 살아가야 합니다. 모든 상황에서 내가 알든 모르든, 하나님은 하나님의 자녀를 지켜주십니다. 예수님은 그 기도를 하고 계십니다. 이 기도는 반드시 성취됩니다. 이 세상에서 기독교 역사를 보면, 때로는 박해받고 고통당하며 원형 경기장에 끌려가 순교했습니다. 수많은 비난을 받았습니다. 하지만 이건 하나님의 실패가 아닙니다. 세상 사람들은 하나님이 어디 계시냐고 묻겠지만, 하나님의 실패가 아닙니다. 하나님의 뜻대로 경륜 안에서 있어야 될 사건일 뿐입니다. 그 극치의 최종 계시 사건이 십자가입니다. 세상이 비록 악했지만, 세상이 이런 것이 아니라 하나님께서 내어주신 것입니다. 하나님의 뜻 가운데서, 그때 그 시간 정확하게 역사에 개입하여 하나님께서 행하신 일입니다. 이걸 잊어서는 안 됩니다.

그러면 무엇으로부터 보호받아야 되고 보전되기를 기도하시는 것입니까? 본문 말씀은 그 답을 줍니다. 세상입니다. 이것을 잊지 마십시오. 예수님의 기도 전체에도 수없이 반복되지만, 오늘 읽은 다섯 절에도 일곱 번이나 세상이라는 용어가 반복됩니다. 예수님은 세상을 떠나시지만 제자들은 남아야 되고, 하나님의 자녀들은 남습니다. "이 세상으로부터 보전해 주소서. 보호해 주소서." 주님께서 기도하셨습니다. 성경은 죄의 권세 아래 있고, 사탄의 권세 아래 있음을 선포합니다. 이게 하나님의 판단입니다. 예수님은 그런 세상을 아셨고 사셨습니다. 의인은 없으되 하나도 없습니다. 모두가 하나님의 진노 아래 있는 상황을 명백히 인식하며 사셨습니다. 바로 그 세상으로부터 보호받는 것입니다. 보전받기를 기도하고 계신 것입니다.

가룟 유다가 비록 3년을 예수님과 함께하고 죽도록 충성하겠다고 결심했지만, 그는 세상에 속한 자였습니다. 그래서 하나님의 뜻을 거역하고 예수님을 팔아넘깁니다. 사울 왕도 나름대로 하나님을 찬양하고, 이스라엘의 초대 왕으로 하나님의 부르심을 받은 굉장한 권세를 갖고 하나님의 일을 한다고 했습니다. 하지만 결국 그는 세상에 속한 자입니다. 세상 속에서 육신에 속한 자로 살다가 멸망할 뿐입니다. 성경에 나타난 거짓 선지자와 거짓 사도들, 그리고 오늘날도 수많은 거짓 목회자와 선교사들이 하나님의 이름으로, 주의 이름으로 무엇을 하는 것 같지만 결국은 세상에 속한 자일뿐입니다. 종교인일 뿐입니다.

모든 불신자는 세상에 속한 자입니다. 세상 속에서 살다가 끝나는 인생일 뿐입니다. 그래서 성경은 수없이 반복해서 말씀합니다. "세상을 사랑하지 말라. 이 세상을 사랑하지 말라." 사랑하지 않도록 보호해 주셔야 세상을 사랑하지 않을 수 있는 존재가 우리입니다. 이제부터 세상을 사랑하지 않을 것이라고 해도 마음대로 되지 않습니다. 그것을 생각하는 순간 세상이 마음속에 꽉 자리 잡고 있는 그런 존재입니다. 그러나 성경은 "세상을 사랑하지 말라. 세상에 속한 자로 살지 말라"고 말씀하고 있습니다. 예수님께서는 또 요한복음 7장 7절에서 말씀하셨습니다. "내가 세상의 일들을 악하다고 증언함이라." 이미 아셨습니다. 세상에서 지내보시니 너무 악한 것입니다. 그리고 17장 25절에서 말씀하십니다. "세상이 아버지를 알지 못하여도." 창조주가 누구이신지를 모릅니다. 온통 우상숭배와 자기 자랑뿐입니다. 이스라엘 민족도 추상적인 종교 개념의 하나님만 이해할 뿐, 살아 계신 하나님이나 거룩하신 하나님에 대한 인식이 없습니다. 세상의 악함을 말씀하십니다.

거룩하신 아버지여

이제 예수님을 따르는 사도들이 성령 충만하여 그 사실을 알고 체험합니다. 그들은 성경을 통해서 기록합니다. "패역한 세대, 어그러지고 거스르는 세대다." 이게 세상에 대한 인식입니다. 아주 구체적으로 세상의 관점들, 사고방식을 말씀합니다. 그래서 요한일서 2장 16절은 말씀합니다. "세상은 육신의 정욕이요 안목의 정욕이요 이생의 자랑이다." 이 세상의 관점과 사고방식에는 하나님이 없습니다. 하나님을 경외함이 없습니다. 아무리 세상이 존경하고 위대한 분이라고 칭송한다 하더라도, 예를 들어 소크라테스, 플라톤, 아리스토텔레스, 그 외 철학자나 사상가라도 그 마음의 중심에 하나님이 없습니다. 이것을 악하다고 하십니다.

성도 여러분, 이러한 세상에서 내 힘과 능력과 열심으로 결단한다고 세상에서 벗어날 수 있겠습니까? 세상을 사랑하지 않을 수 있습니까? 세상의 관점과 사고방식을 떠나 살 수 있습니까? 세상을 이길 수 있습니까? 없습니다. 우리는 항상 겪습니다. 아무리 내가 결단해도 부지불식간에 이미 내 안에 세상이 자리 잡고 있습니다. 또 거부하면 거부할수록 점점 더 내 안에 자리 잡습니다. 예수님은 이 모든 걸 아셨습니다. 세상에서 사셨기에 너무도 잘 아십니다. 그래서 기도하십니다. "그들을 보호해 주소서. 이 세상으로부터 벗어나 하나님의 자녀답게 해주소서."

성도 여러분, 하나님과 나 사이에, 예수님과 나 사이에 장애물이 없어야 합니다. 그런데 그 장애물이 세상입니다. 그러므로 이 장애물을 제거하지 않는 한 우리는 하나님의 사람으로, 하나님의 자녀답게 살아가지 못합니다. 우리 모두 매일매일 하나님의 뜻대로 하나님께 영광 돌리며 복음의 증인으로 살기를 결단합니다. 하지만 실제 얼마나 지속합니까? 안 되는 이유는 바로 내 안에, 우리 안에 세상이 들어와 있기 때문입니다.

참으로 하나님의 자녀는 이 땅에서 하나님의 자녀답게 살 수 없습니다. 그걸 예수님께서 잘 아십니다. 이것이 그리스도인의 실존입니다. 그래서 사도 바울은 성령 충만하여 노년에 로마서 7장에서 고백합니다. "내가 한 법을 깨달았노니 곧 선을 행하기 원하는 나에게 악이 함께 있는 것이로다 … 오호라 나는 곤고한 사람이로다 이 사망의 몸에서 누가 나를 건져 내랴." 오직 거듭난 그리스도인만의 실존의식입니다. 세상의 권세, 죄의 권세, 사탄의 권세를 감당할 수 없습니다. 그래서 예수님께서 기도하십니다. "그들을 보전해 주소서. 이 세상의 권세로부터 보호하여 하나님의 은혜에 합당한, 영광된 승리의 삶을 살도록 보호해 주소서." 오늘도 이와 같이 기도하고 계십니다.

성도 여러분, 그러면 하나님은 우리를 어떻게 보전하십니까? 보전의 의미가 무엇입니까? 구체적으로 어떻게 우리를 지금도 보전하고 계십니까? 그 답을 예수님께서 계시하셨습니다. 첫 번째가 아버지의 이름입니다. 성경 본문은 말씀합니다. "아버지의 이름으로 그들을 보전하사." 이것을 잊어서는 안 됩니다. 내가 정말 하나님의 보호하심을 바란다면, 그 방식을 알아야 내가 확증하고 경험할 수 있습니다. "아버지의 이름으로 보전하사"라고 반복해서 이 기도를 하십니다.

이미 말씀드렸지만, 성경에서 하나님의 이름이란 하나님의 존재와 능력과 성품과 역사, 그 모든 것을 의미합니다. 한마디로 하나님을 아는 지식입니다. 하나님을 아는 지식을 믿음으로 말미암아 보전 받는 것입니다. 보호되는 것입니다. 깊이 생각해 보십시오. 우리 안에 이미 있었고, 이 방식으로 하나님의 자녀를 보호하실 것입니다. 특별히 예수님께서 11절에 이렇게 기도하십니다. "거룩하신 아버지여." 한 번 생각해 보십시오. 일반적으로 생각하면 누군가를 보전하면 '능력의 하나님이시여, 전능하신 하나님이시여'라고 하는 것이 맞습니다. 그런데 예수님은 우리에게 거룩하신 아버지를 계시해 주십니다. 거룩하신 아버지께서 우리를 보호하십니다. 거룩하신 그 성품으로, 지혜로 우리를 보전하십니다. 왜냐하면 우리는 세상의 권세로부터, 죄의 권세로부터, 사탄의 권세로부터 보호되어야 하기 때문입니다. 거룩하신 아버지의 능력으로 죄에 빠지지 않게 하기 위해서, 세상 풍조에 휩쓸리지 않게 하기 위해서, 세상의 관점과 사고방식을 떠나 살게 하기 위해서, 온전하게 하나님의 뜻이 이루어지게 하기 위해서 예수님은 우리에게 특별한 하나님을 계시해 주십니다. "거룩하신 아버지여, 저들을 보전해 주소서." 오늘도 이와 같이 기도하십니다.

우리를 보전하시는 예수님

그리고 아주 구체적인 하나님의 보전 방법을 우리에게 알려주십니다. 그것이 12절에 기록됩니다. "내가 그들과 함께 있을 때에 내게 주신 아버지의 이름으로 그들을 보전하고 지키었나이다." 이렇게 예수님께서 제자들을 보전하고 지킨 방법으로 오늘도 하나님의 자녀를 보전하고 지키십니다. 복음서에 기록된 것으로 이미 예수님께서 보여주셨습니다. 요약하면 세 가지입니다. 예수님은 하나님의 복음을 가르치심으로 보전하셨습니다. 하나님의 복음을 가르치시며 깨닫게 하시고, 때로는 구원의 역사를 통해서 심판으로 징계하시고 경고하심으로 회개케 하여 보전하십니다. 이것을 잊어서는 안 됩니다.

두 번째 방식은 예수님께서 함께하심으로 보전하십니다. 예수님께서 함께하시지 않았다면 또는 하나님의 복음을 가르치시지 않았다면 보전되지 못합니다. 세 번째 방식은 하나님의 사랑으로, 아가페로 보전하십니다. 오늘도 예수 그리스도 안에서 하나님께서 하나님의 자녀를 이러한 방식으로 보전하십니다. 이것이 하나님의 방식입니다. 이렇게 보전하십니다. 제자들은 이 기도를 듣고 깨달았습니다. 당시에는 몰랐지만, 훗날 성령 충만하여 비로소 왜 예수님께서 이렇게 기도하셨는지, 왜 이렇게 간절히 하나님의 자녀를 위하여 보호해 달라고 기도하셨는지 그 내용을 알게 됩니다.

그리고 그들도 오직 예수 그리스도 안에서 하나님께 보호를 요청하며, 하나님의 보호의 능력에 대한 확신으로 담대한 인생을 살아갑니다. 그리고 자신들도 핍박받고 큰 고통 중에 있지만 중보기도를 합니다. 교회를 위하여, 하나님의 자녀들을 위하여, "하나님, 저들을 보호해 주소서. 악에 빠지지 않게 하소서. 세상에 물들지 않게 하소서. 하나님의 뜻이 이루어지게 하소서"라고 간절히 기도하며 승리했던 것입니다. 그래서 그들은 어딜 가든지 예수님의 방식으로 기도하고 행동했습니다. 하나님의 복음을 가르쳤습니다. 다른 무엇이 아닙니다. 오직 하나님의 복음, 구원과 심판의 역사를 전했습니다. 그리고 살아 계신 그리스도가 우리와 함께하심을 증거했습니다. 또한 하나님의 사랑을 나타냈습니다. 그래서 그들을 통하여 하나님의 교회가 세워지고, 하나님의 백성들이 나타나며, 예수님의 기도가 우리의 기도가 되어 합심하여 "주여, 우리를 보호해 주소서. 보전하옵소서"라고 기도하며 오늘도 하나님의 역사 속에 살아가고 있는 것입니다.

　오래전에 있었던 일입니다. 프린스턴대학의 총장이었던 위더스푼 박사에게 어느 한 사람이 와서 말했습니다. "총장님, 어떻게 해야 하나님께 제대로 감사할 수 있을까요? 오늘 제가 마차를 타고 오는데 말은 도망가고 마차는 바위에 부딪혀 깨졌습니다. 그런데 이것 좀 보세요. 저는 조금도 다치지 않았습니다. 이건 기적입니다. 하나님께서 저를 보호해 주셨습니다. 하나님께 정말 감사합니다." 이때 위더스푼 박사가 웃으면서 이렇게 답했답니다. "전 마차를 타고 그 바윗길을 수백 수천 번 지나다녔지만, 한 번도 말이 도망간 적도 없고 마차가 바위에 부딪혀 깨진 적도 없습니다. 그러면 저는 당신보다 수천 배 감사해야 되겠네요."

　성도 여러분, 하나님께서는 택하신 백성을 반드시 지키십니다. 그런즉 예수님의 기도대로 보전하시고 보호하신다는 사실을 확신하며 오늘을 살아가야 합니다. 살아 계신 그리스도께서 오늘도 성령을 통하여 하나님의 자녀들, 영생을 소유한 자들을 위하여 기도하십니다. 중보기도하십니다. 그리고 그 기도대로 역사가 나타납니다. 예수님의 기도는 반드시 성취됩니다. 반드시 그 기도대로 됩니다. 오늘도 하나님의 자녀가 세상으로부터 보전되기를 기도하십니다. "세상 속에 살며, 수많은 풍조에 휩쓸리며 수많은 사건을 경험하지만 거기에 물들지 않게 하소서. 휩쓸리지 않게 하소서. 세상적 사고방식의 관점에 이끌려 살지 않게 하소서. 세상에 속한 자로 살지 않게 하소서. 그래서 세상을 이기는 삶을 살게 하소서." 예수님께서 우리를 위하여 중보기도하십니다. 이 기도가 없다면 어느 누구도 세상을 이길 수 없습니다. 내가 아무리 목사요, 선지자요, 믿음이 있는 사람이라 할지라도 어림도 없는 얘기입니다. 예수님이 기도하셨기에, 오늘도 기도하시기에 그 기도가 믿음의 사람들을 통하여 응답되어 우리가 세상을 이길 수 있는 것입니다.

무엇보다 감사한 것은 예수님께서 우리를 천국으로 인도하십니다. 천국은 아무나 들어가는 곳이 아닙니다. 주님을 부른다고 다 들어가는 것이 아닙니다. 절대 아닙니다. 천국에 들어가기에 합당해야 들어갑니다. 성경은 그것을 말씀합니다. 하나님의 은혜에 합당해야 합니다. 하나님의 영광을 나타내는 삶을 살아야 합니다. 말씀 그대로하면, 거룩하고 흠이 없어야 천국에 들어갑니다. 내 힘으로 되겠습니까? 부끄럽지만, 저는 못합니다. 할 수 있는 사람이 못됩니다. 그런데 어떻게 가능합니까? 예수님께서 나를 위하여 중보기도하시기 때문입니다. 나를 보호하시고, 깨워주시고, 알게 모르게 나를 새롭게 일으키시고, 넘어졌으나 다시 일으키시어 하나님의 자녀답게 살게 하십니다. 결국 수많은 사건을 통해서 기도와 말씀으로 중보하며, 거룩한 하나님의 영광을 행하여 천국에 들어가게 됩니다. 우리는 성도들의 삶을 통해서 이걸 체험하게 됩니다. 결국 나의 삶을 통해서도 이런 삶의 과정이 있어야만 천국에 들어갑니다. 예수님께서는 하나님의 자녀를 항상 지켜주십니다. 그 기도를 들으시고 하나님께서 지켜주십니다. 여기에 그리스도인의 승리가 있습니다. 오직 이 길 외에는 그리스도인이 이 세상 속에서 승리할 길이 없습니다. 천국에 들어갈 수 없습니다.

오늘도 예수님께서 하나님의 자녀들을 위하여, 영생을 소유한 자를 위하여 간절히 기도하십니다. "하나님 아버지, 거룩하신 하나님 아버지, 그들을 보전하여 주소서."

기도

전지전능하신 은혜의 하나님, 오직 하나님의 은혜의 복음을 믿음으로 하나님의 자녀가 되었지만, 아직도 하나님을 아는 지식을 갈망하지 않아 하나님의 영광에 합당한 삶을 살지 못하고, 하나님의 위대한 구원의 역사를 인식하지 못한 채 때로는 고독해하며, 낙심하며, 절망하며, 원망과 불평 중에 살아가는 죄인을 불쌍히 여겨주시옵소서. 살아 계신 그리스도께서 주께서 택하신 백성을, 영생을 소유한 하나님의 자녀를 위하여 오늘도 깨어 기도하시며, 중보기도하시며, 하나님의 이름으로 우리를 보전하시며, 하나님의 보전의 능력이 임하여 우리를 지켜주심을 확신하며, 승리하는 삶을 살도록 성령님이 함께하여 주시옵소서. 우리 주 예수 그리스도의 이름으로 간절히 기도드리옵나이다. 아멘.

내 기쁨을 그들 안에 충만히

지금 내가 아버지께로 가오니 내가 세상에서 이 말을 하옵는 것은 그들로 내
기쁨을 그들 안에 충만히 가지게 하려 함이니이다 내가 아버지의 말씀을 그들
에게 주었사오매 세상이 그들을 미워하였사오니 이는 내가 세상에 속하지 아
니함 같이 그들도 세상에 속하지 아니함으로 인함이니이다 내가 비옵는 것은
그들을 세상에서 데려가시기를 위함이 아니요 다만 악에 빠지지 않게 보전하
시기를 위함이니이다 내가 세상에 속하지 아니함 같이 그들도 세상에 속하지
아니하였사옵나이다

– 요한복음 17:13-16

07

내 기쁨을
그들 안에 충만히

중세 독일의 영성 신학자 에크하르트의 일화입니다. 하루는 한 청년이 찾아와서 물었습니다. "선생님, 하나님이 주시는 기쁨을 어떻게 느낄 수 있습니까? 저는 세상의 즐거움을 포기하는 일이 너무나 힘들게 느껴집니다." 에크하르트가 되물었습니다. "하나님이 주시는 기쁨을 체험해 보셨습니까?" 청년은 잠시 고민한 뒤 그런 것 같다고 대답했습니다. 그러자 에크하르트는 청년에게 이렇게 말해 주었습니다.

"하나님이 주시는 기쁨을 느껴본 사람은 형제님과 같은 고민을 하지 않습니다. 우리의 몸은 물을 담는 항아리와 같아서 두 가지를 동시에 담을 수 없습니다. 물이 담겨 있는 항아리에

포도주를 담기 위해서는 먼저 물을 다 버려야 합니다. 물에다 포도주를 그냥 붓는다면 그것은 물도 버리고, 포도주도 버리는 일이 됩니다. 하나님이 주시는 기쁨을 사모하는 마음이 분명하게 있다면, 그것을 버리고 세상의 기쁨을 담으려고 하지는 않을 것입니다. 그러니 먼저 형제님을 기쁘게 하는 것들을 모두 버린 후에 하나님이 주시는 기쁨과 평안을 담아보는 것은 어떻겠습니까?" 깊이 생각해 보시기 바랍니다.

영생을 소유한 자의 기쁨

성도 여러분, 하나님께서 주시는 기쁨을 얼마나 체험하며 오늘을 살아가십니까? 이 기쁨은 추상적인 것이 아닙니다. 심리적인 것도 아닙니다. 물론 세상적인 것도 아닙니다. 이 기쁨은 하나님의 자녀 안에 나타나는 사건이요, 체험될 수 있는 것입니다. 하나님은 하나님의 자녀에게 이 놀라운 영적 기쁨을 선물로 주셨습니다. 그래서 영생을 소유한 자는 이 기쁨을 누리며 살아가는 하나님의 은총을 받은 자입니다. 영생을 소유하지 못한 자는 이 기쁨을 누릴 수 없습니다. 체험하지 못합니다. 단지 심리적으로, 추상적으로 인식할 뿐입니다. 이 기쁨은 성령으로 말미암은 사랑의 열매입니다.

성도 여러분, 구원의 역사에 대해서 습관적으로 죄 사함 또는 하나님의 의나 하나님의 자녀가 되는 것으로 제한하는 경우가 있습니다. 성경은 구원의 역사에 대해 엄청난 하나님의 약속을 계시해 줍니다. 이것을 잊어서는 안 됩니다. 그 중 하나가 기쁨입니다. 하나님이 주시는 기쁨입니다. 그 기쁨을 선물로 약속하셨고 체험할 수 있습니다. 그것을 체험한 자는 항상 갈망하게 됩니다. 구원의 확신에 대한 근거가 영적 기쁨입니다. 이 기쁨의 충만함을 체험하지 않고는 구원의 확신을 가질 수 없습니다. 그야말로 추상적인 종교생활일 뿐입니다.

모든 인간의 본성은 기쁨을 추구합니다. 하나님께서 주신 고유한 성품입니다. 그 기쁨 속에서 행복을 느낍니다. 행복을 추구하면서 기쁨을 알지 못한다면 그건 참 불행한 인생입니다. 기쁨을 추구하는 것은 좋은 것이지만, 그 기쁨의 출처가 어디냐 하는 것이 문제입니다. 이것이 중요합니다. 어디로부터 기쁨을 얻기를 갈망하며 소원하고 살아가느냐 하는 것입니다. 이것이 가장 큰 문제입니다.

예수님께서 중보기도하십니다. 예수님의 기도가 요한복음 17장에 기록되어 있습니다. 그분이 가장 먼저 한 중보기도의 내용은 "하나님의 백성을 보전하소서"였습니다. 오늘도 이 기도를 하고 계십니다. '세상으로부터 보호하소서. 악으로부터 보호하소서. 사탄으로부터 보전해 주소서.' 왜냐하면 하나님의 자녀, 하나님께서 택하신 하나님의 백성이기에 하나님께서 보전해 주십니다. 그래서 그들을 보전해 달라고 기도하십니다.

그리고 두 번째 기도 내용이 본문 말씀입니다. "내 기쁨을 그들 안에 충만히 가지게 하소서." 이 세상 속에서 보전되는 첫 번째 표식이 기쁨입니다. 그 기쁨을 누리지 못하고 체험하지 못한다면 보전되지 못하기 때문입니다. 예수님은 지금 십자가를 직면하고 계십니다. 내일 십자가에서 죽으십니다. 그럼에도 불구하고 예수님의 마음과 관심은 온통 하나님의 백성에게 가 있습니다. 자신보다 하나님의 자녀들에게 더 큰 관심을 갖고 있으셨습니다. 그리고 기도하십니다. "저들을 보호해 주소서. 그리고 그들에게 내 기쁨을 충만히 허락해 주소서."

성도 여러분, 만약 우리가 하나님의 기쁨을 체험하지 못한다면 우리는 기쁨을 추구하는 본성을 갖고 있기에 다른 데서 기쁨을 추구합니다. 세상에서 기쁨을 추구할 수밖에 없는 존재입니다. 세상에 속한 자입니다. 그렇기에 예수님은 하나님의 백성을 위해 기도하십니다. 그들을 보전하기 위해서 내 기쁨을 충만히 해달라고 기도하십니다. 예수님의 기도를 깊이 묵상하며 오늘을 살아가야 합니다.

이 기쁨은 오직 영생을 소유한 자에게만 허락된 것입니다. 모든 인류에게 약속한 것이 아닙니다. 그래서 여기에 그리스도인의 특권이 있고, 구별된 인생이 있습니다. 모든 상황에서 이 기쁨을 알고 받아 누리며 살아가기에 하나님께 속한 자라고 증거할 수 있습니다. 이것이 복음입니다. 이 기쁨을 잃은 험악한 세상에 하나님께서 하나님이 누리시는 하나님의 기쁨을 약속하셨습니다. 기쁨을 주겠다고 말씀하십니다.

특별히 하나님의 자녀에게 주신다고 하십니다. 이 험악한 세상에서 그 기쁨을 받고 알아 믿고 누리며 살아갈 수 있다고 말씀하십니다. 얼마나 감사한 일입니까? 그래서 예수님께서 십자가 지시기 전날 위대한 설교를 하시며 이렇게 말씀하셨습니다. 요한복음 15장 11절입니다. "내가 이것을 너희에게 이름은 내 기쁨이 너희 안에 있어 너희 기쁨을 충만하게 하려 함이라." 16장 24절은 말씀합니다. "지금까지는 너희가 내 이름으로 아무것도 구하지 아니하였으나 구하라 그리하면 받으리니 너희 기쁨이 충만하리라." 이 복음을 믿고 살아가는 자는 깨어 기도합니다. '이 기쁨을 우리에게 주소서.' 그리고 그 기쁨을 체험한 자는 이 기쁨을 보고 복음을 갈망하며 오늘을 살아가게 됩니다.

그런데 인류는 이 기쁨의 소식을 알지 못합니다. 영적 기쁨의 충만함을 인식하지도 또 체험하지도 못합니다. 더 비참한 것은 스스로 구원받은 하나님의 자녀라고 하면서도 이 기쁨을 갈망하지 않습니다. 이 기쁨을 체험하지 못하는 것이 안타까울 뿐입니다. 그래서 세상의 빛과 소금이 못 됩니다. 구원의 확신이 없습니다. 복음의 증인으로 살아가지 못합니다. 이것을 분명히 알아야 합니다.

악에서 보전해 주소서

그러면 왜 이런 일이 벌어지는 것입니까? 그것은 하나님과 나 사이에, 하나님의 은총적 기쁨의 선물과 나 사이에 큰 장애물이 있기 때문입니다. 이것을 깨지 않으면 하나님의 기쁨을 누리지 못합니다. 가장 큰 장애물은, 성경 전체에서 말씀하고 예수님의 기도에도 나오지만 바로 사탄의 역사입니다. 사탄이 그 기쁨을 알지 못하게 합니다. 또 누리지 못하게 합니다. 그래서 오늘 기도문 15절에서 이렇게 말씀하십니다. "다만 악에 빠지지 않게 보전하시기를 위함이니이다." 악에 빠지면 이기쁨을 누리지 못하기 때문입니다. 성경에서 악이라는 것은 '악'(evil) 또는 '악한 자', '악한 세력'을 가리킵니다. 주기도문에도 예수님께서 마지막 기도문으로 이 기도를 가르쳐주셨습니다. "다만 악에서 구하옵소서." 여기서 악한 자는 사탄입니다. '사탄과 마귀로부터 구하여 주소서. 보전해 주소서.' 이 기도를 가르쳐주셨습니다.

성도 여러분, 사탄과 마귀의 존재에 대해서 명백히 알며 살아가는 사람은 오직 거듭난 그리스도인뿐입니다. 성경이 증거하고 있고 예수님도 누누이 경고하셨습니다. 이것을 분명히 알아야 합니다. 이 사탄은 타락한 천사로 하나님을 대적합니다. 그것이 목적입니다. 구체적인 목표는 두 가지입니다. 하나님의 교회와 그리스도인을 무너뜨리는 것입니다. 넘어지게 하는 것입니다. 유혹하는 것입니다. 그렇기에 하나님의 자녀는 민감하게 영적 분별력으로 이것을 알고 살아가야 합니다. 그렇지 않으면 넘어지고 유혹을 받습니다.

사탄의 능력은 가공할 만큼 강력합니다. 성경 전체에 수많은 사건이 있습니다. 인간이 감당하거나 해결할 수 있는 문제가 아닙니다. 동시에 사탄의 지혜가 너무나 교활합니다. 그래서 분별하기가 어렵습니다. 우리가 흔히 고통과 재난과 시련, 역경과 실패와 질병을 주로 사탄의 역사로 생각하지만, 그것은 좀 일반적인 이야기입니다. 정말 사탄이 강하게 움직이는 것은 사람을 칭찬해 주고 존경받게 하며 띄워주고 성공해서 잘 되게 하는 것입니다. 그러면 교만해져서 다 넘어지고 맙니다. 그래서 사탄의 역사를 분별하기가 어렵습니다.

무엇보다도 성경은 말씀합니다. 이 사탄이 광명의 천사로 위장하고 역사한다는 것입니다. 정말 악한 자라는 것을 알게 되는 것은 결과를 통해서입니다. 그 과정에서는 아무도 모릅니다. 가룟 유다에 대해서 아무도 몰랐습니다. 분명히 알아야 합니다. 광명의 천사로 가장합니다. 그러니까 이 시대의 가장 존경받는 자로, 가장 도덕적인 인간으로, 가장 훌륭한 사람으로, 종교의 창시자로, 가장 영향력 있는 사람으로 나타납니다. 그래서 사람들이 미혹되고 넘어갑니다. 성경에 보십시오. 신구약을 읽어보면 거짓 선지자, 거짓 사도, 거짓 그리스도, 거짓 선생이 정말 많습니다. 진짜보다 훨씬 많습니다. 한 천 배는 더 많은 것 같습니다. 이 세상을 우리에게 얘기해 주는 것입니다. 오늘도 가짜가 진짜보다 훨씬 더 많습니다. 이것을 분명히 알아야 합니다. 왜 이런 일이 있습니까? 사탄의 역사이기 때문입니다. 그 사탄이 하나님이 주시는 기쁨을 가로막습니다. 알지 못하게 합니다.

기쁨을 가로막는 장애물들

두 번째 장애물은 세상입니다. 사탄의 권세 아래 있는 세상입니다. 그래서 자꾸 이 세상에서 기쁨과 평안과 행복을 누리고자 합니다. 그들을 '세상에 속한 자'라고 합니다. 그런데 하나님의 자녀는 이런 기쁨이 참 기쁨이 아님을 알고 있습니다. 잠깐 기쁜 것일 뿐, 사람을 비참하게 만듭니다. 결국에는 그렇게 될 것임을 압니다.

인류 역사를 한번 보십시오. 온 인류가 불행을 이야기하고, 비참한 인생을 살아가고 슬퍼합니다. 그것이 인생의 결국 아닙니까? 왜 하나님이 주시는 기쁨을 누리지 못합니까? 왜 갈망하지 않습니까? 사탄의 역사로 말미암아 세상이 그렇게 되었습니다. 그리고 죄 때문입니다. 이 또한 사탄의 역사입니다. 죄의 권세 아래에서 살아가는 한 하나님을 경외하지 않고, 하나님이 주시는 은총을 알지 못하고, 누리지도 못합니다. 이 장애물을 어떻게 제거할 수 있습니까? 성경은 오직 한 길을 말씀합니다. 오직 성령의 역사로 말미암아, 우리 모두 성령의 역사로 하나님의 자녀가 되었습니다. 성령께서 우리 안에서 이러한 장애물을 제거해 주십니다. 이것을 잊어서는 안 됩니다.

『탈무드』에 기록된 유명한 교훈적인 이야기입니다. 천국에 가면 모든 사람은 허락받은 즐거움 가운데 자신이 즐기지 못한 즐거움에 대하여 그 이유를 설명해야 한다고 합니다. 한 천사가 천국에 이제 막 도착한 사람과 대화합니다. 천사가 먼저 물었습니다. "인생이 어떠했는가?" "별로 즐겁지 못했습니다. 그저 지긋지긋했습니다. 불행하게 살았습니다." "왜 즐기지 못했느냐?" "누릴 만한 것이 거의 없었습니다." "나는 이미 네가 누릴 모든 것을 선물로 주었다." "정말입니까? 그런데 저는 왜 아무것도 누리지 못했을까요?" "네가 눈을 뜨지 못했기 때문이다." "저는 항상 눈을 뜨고 보았는데요?" "네 눈은 언제나 너에게 주어진 선물이 아니라, 네게 없는 것에만 가 있었기 때문이다." "그러면 저에게 주어진 게 잔칫상이었단 말입니까?" 천사가 말합니다. "그렇단다. 네가 삶을 누리지 못하고 지루함만을 느꼈던 것은 잔칫상을 받고도 그것이 잔칫상임을 깨닫지 못했기 때문이다." 강한 장애물이 우리를 가로막고 있어서 하나님의 은총을 인식하지도 또 누리지도 못합니다. 이 것을 분명히 기억해야 합니다.

성도 여러분, 성경에서 말하는 기쁨, 하나님이 주신 기쁨, 영적으로 충만한 기쁨은 무엇입니까? 분명히 알아야 내가 그 것을 누리는지 아닌지 분별할 수 있습니다. 본문 말씀이 그 답을 줍니다. 예수님께서 말씀하십니다. "내 기쁨을 그들 안에 충만히 주옵소서." 항상 기억하십시오. 주님의 기쁨입니다. 이 주님의 기쁨이 세상에서 나오겠습니까? 세상의 기쁨이 아닙니다. 일시적인 것이 아닙니다. 주님의 기쁨을 약속하고 있습니다. 그것은 어떤 것입니까? 그 기쁨은 하나님이 누리시는 기쁨입니다. 그것을 인간에게 주셨습니다. 하나님이 주시는 기쁨입니다. 그런고로 이건 세상에서 나올 수 없는 것입니다. 인간이 만들 수 있는 게 아닙니다.

예수님의 상황을 보십시오. 역사적으로 보면 당시는 가장 악한 시대입니다. 험악한 시대를 사셨습니다. 그런데 예수님은 이 기쁨을 누리셨습니다. 특별히 십자가를 직면하고 계십니다. 죽음의 고통을 앞에 놓고 계십니다. 그럼에도 불구하고 예수님은 이 기쁨을 충만히 누리고 계십니다. 그리고 기도하십니다. '내 기쁨을, 이 기쁨을 제자들과 하나님의 자녀들이 알게 하시고 누리게 하옵소서.' 오늘도 이렇게 기도하고 계십니다.

하나님이 주시는 기쁨의 특징

하나님이 주시는 기쁨은 창조되는 것입니다. 성령에 의해서 창조되어 선물로 받는 것입니다. 이것은 인간에 의해 만들어지는 인위적인 것이 아닙니다. 환경적인 것도 아닙니다. 세상의 기쁨을 한번 생각해 보십시오. 세상에서 기쁨을 느끼는 두 가지 조건이 있습니다. 첫째가 환경입니다. 세상이 주는 기뿜은 환경적입니다. 좋은 환경, 좋은 제도 안에서 기쁨을 누리게 됩니다. 그러나 그것이 무너지면 고통입니다. 또 세상의 기쁨은 인위적인 것입니다. 사람에 의해 만들어진 것입니다. 노력과 열심으로 만들어진 것입니다. 그건 잠시잠깐 누리는 것으로 지속되지 못합니다. 예수님이 말씀하시는 기쁨은 그런 차원이 아닙니다.

그리고 영적 기쁨을 말합니다. 영생과 관계되어 있습니다. 영생을 받지 못한 자는 이 기쁨을 추상적으로만 알고 심리적으로만 추구하지 누리지 못합니다. 우리가 찬송을 부를 때 조심하는 것이 이것입니다. 세상에서는 노래를 많이 부르며 즐거워합니다. 그것은 심리적인 것입니다. 그런 기쁨이 아닙니다. 또 비슷한 방식으로 여러 사람이 모여 뜨겁게 한 30분에서 한 시간 찬송하면 뭔가 기쁜 것 같습니다. 그런 종교적이고 추상적이며 심리적인 것을 말하는 것이 아닙니다. 이것은 영생을 가진 자만이 누리고 인식할 수 있는 영적인 기쁨입니다. 세상 사람은 알지 못합니다. 불신자는 누리지 못합니다.

그래서 이 기쁨은 고통과 슬픔, 애통과 공존합니다. 다시 말해서, 이 기쁨이 충만할 때 고통과 슬픔이 싹 사라지는 것이 아닙니다. 같이 있습니다. 그 고통 속에서 이 기쁨을 누립니다. 왜냐하면 우리는 육신과 함께 있기 때문입니다. 끝까지 이러한 상태에서 살아갑니다. 사도 바울을 기억해 보십시오. 복음을 증거했다는 이유로 감옥에 갇혀 매를 맞고 죽음의 고통을 경험합니다. 언제 죽을지 모릅니다. 그러나 그는 그 속에서 성령 충만하여 말합니다. "나는 기뻐하노라. 너희도 기뻐하라. 항상 기뻐하라." 하나님이 주시는 기쁨을 충만히 누렸습니다. 예수님이 말씀하시는 기쁨이 바로 이 기쁨입니다. 죽음의 고통을 직면하고 있습니다. 다 아십니다. 험악한 세상임을 아십니다. 애통하는 마음으로 지금 계십니다. 그러나 그 속에서 하나님이 주시는 기쁨을 누리고, 그 기쁨을 우리에게 약속하십니다.

또한 이 기쁨은 하나님과 함께하는 기쁨입니다. 예수 그리스도 안에서 하나님과 교제하고 바른 관계를 맺어야만 이 기쁨을 맛보며 지속할 수 있습니다. 하나님과의 관계가 깨지면 이 기쁨은 사라집니다. 그래서 이 기쁨을 체험한 사람은 항상 하나님을 아는 지식을 갈망합니다. 하나님께 영광 돌리는 삶에 생애를 겁니다. 그 속에서 기쁨을 맛보며 지속할 수 있기 때문입니다. 성도 여러분, 하나님의 자녀는 이 기쁨을 체험했기에 심지어 죽음 앞에서도 기뻐합니다. 죽음은 인류에게 고통이요, 절망이요, 두려움이요, 공포입니다. 그래서 슬퍼합니다. 다시 볼 수 없기 때문에, 모든 것이 끝났기 때문에 그렇습

니다. 그러나 영생을 소유한 자는 그 슬픔 속에서 오히려 기뻐
합니다.

지난 19일에 제 어머니가 돌아가셨습니다. 89세로 돌아가
셨는데, 천국 가셨습니다. 무척 슬픈 일입니다. 다시 대면할
수 없습니다. 그러나 그 속에서 하나님의 자녀는 기뻐합니다.
육신을 갖고 있기 때문에 어머니는 세상에서 많은 수고를 하
고 사셨습니다. 그리고 고령이시니까 오랜 기간 몸이 아프셨
습니다. 50년 전에 이미 폐암 말기환자라서, 그 이후의 시간은
덤으로 사셨습니다. 참으로 힘든 육신의 고통을 안고 사셨습
니다. 그러나 그 속에서 하나님을 만나고 하나님이 주신 기쁨
을 누렸습니다. 특별히 마지막 20여 년은 조금도 움직이지 못
하시는 아주 불편한 몸이었지만, 매일 기도와 말씀에 집중하
셨습니다. 제 여동생이 "우리 어머니, 신학교 가시려나봐"라
고 말할 정도로 성경 보고 기도하시며 찬양을 부르셨습니다.
고통 속에서 기쁨을 누리셨습니다. 그래서 저는 확신합니다.
천당 가셨습니다. 수많은 사람이 전화 걸어 저에게 위로합니
다. 그 말 막느라고 참 힘들었습니다. 천당 가서 기쁜데 왜 위
로하시느냐고요. 성도 여러분, 이 땅에서 하나님이 주시는 기
쁨을 누리지 못한 채로는 천국 못갑니다. 이것을 분명히 아십
시오. 예수님이 말씀하시는 "내 기쁨을 충만히"는 이 험악한

세상에서, 육신의 고통 속에서 누리고 체험되는 기쁨을 말합니다. 이 기쁨을 오늘 내가 누리고 체험해야 영원한 기쁨이 있는 천국에 들어가게 됩니다.

기쁨을 지속하는 방법

그러면 어떻게 해야 이 기쁨을 소유하며 지속할 수 있습니까? 성경, 특별히 복음이 그 답을 줍니다. 먼저는 예수 그리스도와 연합해야 합니다. 예수님을 나의 구주로 고백하는 것입니다. 주일에 찬송할 때에만 고백하는 것은 종교일 뿐입니다. 모든 삶 속에서 예수님이 나의 주가 되심을 고백합니다. 살아계신 그리스도가 나의 주가 되심을 고백합니다. 우리는 하나님의 자녀이고, 그럴 때 우리는 그리스도를 아는 지식을 갈망합니다. 그리스도의 기도와 마음과 생각을 본받기를 원합니다. 오직 그리스도의 영광이 우리 안에 나타나기를 소망하며 살아갑니다. 그 가운데 이 기쁨이 나타납니다. 이 기쁨을 누리게 됩니다. 그래서 예수님은 말씀하십니다. "내 기쁨을 충만히 저들에게 주옵소서." 그 말씀이 그대로 이루어집니다.

그리고 예수 그리스도 안에서 하나님과 교제해야 합니다. 예수 그리스도가 끝이 아닙니다. '오직 예수 그리스도'라는 말은 예수 그리스도 안에서만 하나님께 가까이 나아갈 수 있기 때문입니다. 하나님과 교제할 수 있기 때문입니다. 예수 그리스도 안에서 하나님과 교제하고 동행할 때, 이 기쁨을 우리 안에 주십니다. 이걸 좀 더 깊이 알고 싶으면 요한일서를 계속 읽어보십시오. 그 전체 기록이 복음의 비밀을 나타내고 있습니다. 1장 4절에 이렇게 기록합니다. "우리가 이것을 씀은 우리의 기쁨이 충만하게 하려 함이라." 그리고 '예수 그리스도 안에서 하나님과 교제하라. 사랑의 하나님과 함께 교제하라. 동행하라. 그럴 때 이 기쁨을 누리는데, 왜 너희는 이 기쁨을 누리지 못하고 자꾸 세상에 미혹되느냐?'고 말씀합니다. 그래서 이 기쁨을 맛본 자는 오직 하나님의 복음을 깊이 묵상하며, 복음의 증인으로 오늘을 살아가게 됩니다.

그리고 또 한 가지는 살아 계신 그리스도의 중보기도 덕분입니다. 그리스도께서 오늘도 이 기도를 하나님의 자녀를 위하여, 우리를 위하여 하시지 않으신다면, 우리는 이 기쁨을 지속할 수 없습니다. 그런데 주께서 십자가 지시기 전날의 유언과 같은 이 기도처럼, 오늘도 '내 기쁨을 저들이 충만히 누리게 하소서'라고 기도하기에 우리는 그 기도의 성취로 이 기쁨을 누리게 됩니다. 그리고 무엇보다도 성령께 삶을 의탁하고 순종해야 합니다. 오직 성령께서만 장애물을 제거해 주실 수 있습니다. 인간의 힘과 능력으로는 제거할 수 없습니다. 그리고 성령께서만 우리를 예수 그리스도께로 인도하십니다. 그리스도와 연합한 자로 살며, 그리스도께 집중하며, 그리스도를 갈망하며, 그리스도의 영광을 나타내기를 소망하며, 그리스도와 동행하게 하십니다. 그 속에서 이 기쁨과 평강을 누리게 됩니다.

고아의 아버지로 불리는 조지 뮬러 목사의 유명한 일화입니다. 그는 하나님께 기도하는 중에 고아원을 세우기로 결심하게 됩니다. 그런데 문제는 돈이 없었습니다. 고아원을 세우려면 땅을 사야 되고 건물을 지어야 됩니다. 또 아이들을 매일 양육해야 하니 돈이 있어야 되는데, 돈이 전혀 없었습니다. 그럼에도 사람들의 후원과 하나님만 의지하고 고아원을 세웠는데, 이 사역이 계속 많은 사람의 관심과 격려와 하나님의 인도하심 속에 커졌습니다. 나중에는 수만 명의 고아들을 돌보게 됩니다. 저도 직접 그곳을 가보았습니다. 그 당시에 굉장한 역사였습니다.

이렇듯 아이들에게 매일매일 무엇인가를 먹이고 입혀야 하니 수많은 돈이 필요한데, 사람들이 돈이 없어 염려하며 걱정하니 그때마다 조지 뮬러 목사는 이렇게 말했답니다. "내가 날마다 해야 했던 첫 번째 일은 주 안에서 내 영혼이 기쁨을 얻는 일입니다. 돈은 그 다음입니다." 하나님이 주시는 건데, 하나님이 내게 은혜를 베푸셔야 되는데 돈 걱정과 세상만 의존해서는 아무 일도 되지 않습니다. 먼저 하나님이 주시는 평강을 누려야 됩니다. 기쁨을 먼저 누려야 됩니다. 그래야 하나님께서 영광 받으시고 우리와 함께하십니다.

예수님이 보여주신 삶이 바로 이것입니다. 지금 십자가를 직면하고 계십니다. 죽음의 고통을 알고 계십니다. 내일이면 십자가를 지십니다. 그런데 예수님의 마음과 관심은 온통 하나님 아버지께 가 있었습니다. 오늘도 기도하십니다. "내가 아버지께로 가오니." 세상이 아니라 천국입니다. "아버지께로 가오니" 즉 천국으로 가신다고 기도하십니다. 그래서 십자가를 넉넉히 지실 수 있었습니다. 그 기록을 히브리서 12장 2절에 이렇게 기록합니다. "그는 그 앞에 있는 기쁨을 위하여 십자가를 참으사."

천국을 바라보며, 천국의 영광과 기쁨을 현재 누리기에 십자가를 참으실 수 있었습니다. 더 정확하게 말하면, 우리를 구원하시기 위해서, 우리에게 영원한 기쁨을 충만히 주시기 위해서, 그리고 그 기쁨을 가지고 살다가 천국에 들어가게 하시기 위해서 십자가를 지셨습니다. 이것을 항상 기억해야 합니다. 그래서 거듭난 그리스도인은 기쁨과 평강의 출처를 하나님께로부터, 천국으로부터 찾습니다. 절대 세상으로부터 찾지 않습니다. 잠시 잠깐 세상이 주는 즐거움이 기쁜 것은 알지만, 그 허무함을 또한 알고 있기 때문입니다. 주께서 오늘 하나님의 자녀를 위해 기도하십니다. "내 기쁨을 그들에게 충만히 주옵소서." 그 기도의 응답으로 살아가는 모든 하나님의 자녀가 되어야 할 것입니다.

기도

전지전능하신 은혜의 하나님, 세상에 속한 자로, 세상 속에서 기쁨과 영광과 성공과 행복을 추구하는 미천한 죄인을, 오직 하나님의 부르심을 힘입어, 주의 은혜로 말미암아, 믿음으로 하나님의 자녀가 되는 권세를 허락하시고, 예수 그리스도 안에서 이제야 비로소 신령한 기쁨을 맛보며, 체험하며, 갈망하는 존재로 이 시대를 살게 해주심을 진심으로 감사드립니다. 성령이시여, 하나님이 주신 기쁨을 체험하며, 이 기쁨을 소유하고 지속한 자로 오늘을 살아, 이 세대의 복음의 증인으로 담대히 살며, 세상을 이기며 나를 이기는 자로, 세상의 권세를 이기는 자로 승리의 삶을 살아갈 수 있도록 항상 함께하여 주시옵소서. 우리 주 예수 그리스도의 이름으로 간절히 기도드리옵나이다. 아멘.

08

진리로 거룩하게 하옵소서

그들을 진리로 거룩하게 하옵소서 아버지의 말씀은 진리니이다 아버지께서 나를 세상에 보내신 것 같이 나도 그들을 세상에 보내었고 또 그들을 위하여 내가 나를 거룩하게 하오니 이는 그들도 진리로 거룩함을 얻게 하려 함이니이다

— 요한복음 17:17-19

08

진리로 거룩하게
하옵소서

미국의 고등학교 기숙사에서 있었던 일입니다. 한 남학생의 방 사방에 야하고 저속한 그림들이 가득 붙어 있었습니다. 그 기숙사를 방문한 학생의 어머니는 무척 당황했지만, 아무 말도 하지 않고 돌아갔습니다. 그리고 며칠 뒤 다시 찾아온 어머니는 조용히 아들의 방 한편에 예수님이 그려진 호프만의 명화 〈성전에서의 그리스도〉를 붙이고 돌아갔습니다. 후에 어머니가 다시 방문해 보니, 사방에 붙어 있던 저급한 그림들은 모두 사라졌습니다. 아들은 어머니에게 이렇게 말했다고 합니다. "거룩한 그리스도가 방에 오시자 다른 것은 모두 떼어버리지 않으면 안 되었습니다."

예수 그리스도 안에 변화된 삶

성도 여러분, 예수 그리스도를 나의 구주로 영접하고 믿는다는 것은 예수 그리스도 안에서 모든 것이 변화되었음을 의미합니다. 살아 계신 예수 그리스도가 내 안에서 역사하시기에 옛사람과 옛사람의 본성은 사라지고 새 사람으로 변화됩니다. 새로운 가치관, 역사관, 진리관, 인생관, 세계관을 갖게됩니다. 복음의 역사가 내 안에 있기에 나타나는 변화입니다. 이것을 '은혜'라고 합니다.

성경은 이것을 아주 쉬운 비유로 우리에게 설명해 줍니다. 빛과 어둠입니다. 어둠 속에 빛이 옴으로 어둠이 제거됩니다. 빛 되신 예수 그리스도가 정말 내 안에 계시다면, 내가 그분을 따르는 삶을 산다면, 그리스도의 지혜와 능력과 은혜와 사랑으로 옛사람의 본성이 제거되며 어둠이 사라집니다. 이런 복음의 역사 안에서 가장 첫 번째로 체험하는 것은 하나님과의 바른 관계입니다. 나 같은 죄인이 하나님의 자녀 되었다는 사실입니다. 예수 그리스도 안에서 하나님의 의로움을 받고, 알고, 믿음으로 된 변화입니다. 하나님의 이름은 하나님의 존재와 능력과 성품과 역사를 의미합니다. 예수 믿기 전에는 하나님의 이름을 알지 못했습니다. 하나님을 추상화했습니다. 우상화했습니다. 그러나 예수님의 이름을 정말 알고 믿으니, 그 권세로 말미암아 빛이 내 안에 들어와 어둠이 사라지기 시작합니다. 오직 하나님을 경외하는 자에게 나타나는 변화입니다.

성도 여러분, 하나님의 성품, 하나님의 본성을 생각할 때 제일 먼저 떠오르는 하나님의 이미지, 하나님의 이름은 무엇입니까? 성경이 우리에게 주는 계시는 '거룩하신 하나님'입니다. 거룩하신 하나님, 그 이름이 항상 우리 앞에 또 우리 안에 있어야 합니다. 오직 하나님만이 거룩하십니다. 세상 어디에도 거룩이라는 것은 없습니다. 어떤 종교에도 거룩한 신은 없습니다. 오직 하나님만이 거룩하십니다. 그래서 성경은 거룩이란 단어를 무려 460번 이상 기록합니다. 의미상 깨끗함, 정결함, 순결함은 700번 이상 기록하고 있습니다. 그처럼 거룩을 강조하고, 거룩하신 하나님을 우리에게 계시합니다. 이것을 잊어서는 안 됩니다.

오늘날 많은 교인 중에 사랑의 하나님만을 생각하고 거기서 멈추는 이들이 너무나 많습니다. 다른 이미지의 하나님은 불편해합니다. 마음에 안 들어 합니다. 그냥 사랑의 하나님이 너무나 좋습니다. 나를 사랑하시고, 내 죄를 용서하시고, 나를 위해 십자가에 죽으신 하나님만을 생각합니다. 내가 원하는 것만 취합니다. 이것은 잘못된 신앙입니다. 그러다 보니 심판의 하나님은 추상적이 됩니다. 의의 하나님도 마찬가지입니다. 최후의 심판은 더욱 그렇습니다. 실제 다가올 사건으로 받아들이지 않습니다. 천국만 좋습니다. 지옥을 안 믿는 것은 아니지만 마음에 안 듭니다. 사랑의 하나님은 그러실 수 없다고 생각합니다. 그래서 오늘날을 복음의 실종시대라고 합니다. 십자가의 복음이 상실됐습니다. 십자가조차도 내가 원하는 부분만 봅니다. 사랑의 하나님, 내 죄를 용서하시는 하나님, 아무 값없이 나를 하나님 자녀 되게 하신 하나님만을 생각합니다. 진노의 하나님, 심판하시는 하나님, 거룩하신 하나님이 명백히 계시되어 있건만, 다른 복음을 만들어갑니다. 이것을 분별해야 합니다.

성도 여러분, 성경으로 돌아오십시오. 내 경험과 이성적 판단과 얕은 지식은 다 버리고 깨끗한 어린아이의 마음으로 성경을 보십시오. 처음부터 끝까지 거룩하신 하나님이 계시됩니다. 그분이 우리에게 은혜를 베푸셨기에 사랑의 하나님을 고백하게 됩니다. 선악과의 사건을 생각해 보십시오. 사랑의 하나님이면 에덴동산에서 쫓아내면 안 됩니다. 그러나 죄를 범하였으므로 말씀대로 불순종의 값을 치러야 합니다. 거룩하신 하나님이 계시됩니다. 에덴동산에서 축출됩니다. 노아의 심판, 바벨탑의 사건, 수많은 구원과 심판의 사건들이 무엇을 말하고 있습니까? 거룩하신 하나님을 계시합니다. 죄인은 하나님께 가까이 갈 수가 없습니다. 아무리 내가 열심히 하나님의 일을 한다고 해도 하나님을 만날 수 없습니다. 오직 죄 사함을 받는 하나님의 자녀만이 하나님께 가까이 가고 하나님과 함께할 수 있습니다.

그래서 하나님께서 하나님의 자녀에게 주신 귀한 용어가 있습니다. 바로 '성도'입니다. 성도(saint)는 '거룩한 자'라는 말입니다. 하나님의 자녀는 성도입니다. 잊어서는 안 됩니다. 거룩하신 하나님을 만날 수 있는 자는 성도뿐입니다. 거룩한 자가 되지 않으면 그 기도도, 하나님의 일도 다 쓸데없는 짓입니다. 오직 성도만이 하나님과 가까이할 수 있으며, 하나님을 만날 수 있습니다. 십자가의 복음은 구제 불능한 죄인을 성도되게 하는 하나님의 지혜와 능력입니다. 그뿐만 아니라, 십자가의 복음은 성도가 험악한 세상에서 성도로 살게 하십니다. 이것이 그리스도인의 체험이요, 고백입니다. 성도 여러분, 성도로 또 거룩한 자로 거룩함을 지향하며 오늘을 살아가십니까? 깊이 생각해야 합니다.

거룩의 의미와 그리스도인

　요한복음 17장은 예수님의 기도입니다. 그 속에 중보기도가 있습니다. 오늘도 이 유언과 같은 기도를 계속하고 계십니다. 성경 본문에 그 기도가 이렇게 기록되어 있습니다. "그들을 진리로 거룩하게 하옵소서." 부활하시어 승천하신, 살아계신 그리스도께서 오늘도 이 기도를 하십니다. 하나님의 자녀들을 진리로 거룩하게 해달라고 기도합니다. 성도 여러분, 그리스도인의 삶의 목적이 무엇이라고 생각하십니까? 나의 행복, 성취, 안정, 성공, 이런 것이 아닙니다. 그리스도인의 삶의 목적은 거룩에 있어야 합니다. 예수님의 기도가 나의 기도가 되어 거룩함을 지향해야 합니다. 세상 속에서 나는 그러한 존재가 못 되지만, 하나님께서 나를 성도로 불러주시기에 그 은혜에 합당한 성도다운 삶을 살아가야 합니다. 하나님의 복음은 인간을, 죄인을 거룩하게 하여 거룩한 존재로, 성도로 창조하시고 성도로 살게 하십니다. 그래서 에베소서 1장 4절에 위대한 복음이 이렇게 계시되어 있습니다. "곧 창세 전에 그리스도 안에서 우리를 택하사 우리로 사랑 안에서 그 앞에 거룩하고 흠이 없게 하시려고." 하나님께서 창세 전에 구원의 계획을 세우셨습니다.

아들 예수 그리스도를 이 땅에 보내시어 그들을 하나님의 자녀로 택하셔서 믿는 자들로 하여금 하나님 앞에서 거룩하고 흠이 없게 하시려고 하셨습니다. 그런데 이것은 사실 말도 안 되는 이야기입니다. 우리 같은 죄인이 어떻게 거룩하고 흠이 없게 되겠습니까? 그러나 그것이 복음의 역사입니다. 거룩하고 흠이 없어야 천국에 들어갑니다. "주여, 주여, 저는 천국을 믿습니다!" 한다고 들어가는 것이 아닙니다. 성경은 명확하게 말씀합니다. "거룩하고 흠이 없게 하시려고." 이 역사가 우리 안에 일어나야 그 은혜로 천국에 들어갑니다. 그리고 에베소서 4장 23절과 24절은 말씀합니다. "오직 너희의 심령이 새롭게 되어 하나님을 따라 의와 진리의 거룩함으로 지으심을 받은 새 사람을 입으라." 내가 새 사람, 하나님의 자녀인 객관적 증거가 무엇입니까? 진리로 거룩함을 입어야 됩니다. 내 힘과 노력으로 되는 것이 아닙니다. 오직 하나님의 은혜로 거룩함을 받고 거룩한 삶을 지향해야 됩니다.

　그러면 거룩이라는 것이 과연 무엇입니까? 이것은 세상에 없는 용어이기 때문에 오직 성경 안에서만 그 답을 얻을 수 있습니다. 거룩은 두 가지로 정의내릴 수 있습니다. 소극적인 차원에서는 '구별됨'입니다. 거룩의 원어의 뜻에 '구별하다'(separate)라는 의미가 있습니다. 세속적인 것으로부터 구별됐고, 세상으로부터 구별됐다는 의미입니다. 그래서 성경을 보면 하나님의 자녀, 하나님의 백성, 하나님에게 속한 자라고 말씀합니다. 하나님의 생명을 가진 자, 영생을 소유한 자입니다. 세상에 없는 것들로 구별된 것입니다. 그러나 이 속죄의 의미는 죄가 없다는 말이 아닙니다. 죄는 있습니다. 죄 중에 살아갈 수밖에 없는 존재입니다. 그러나 하나님의 선택으로 말미암아 구별되었습니다. 아브라함이 그렇고, 다윗이 그렇고, 모세가 그렇고, 이스라엘 백성이 그렇고, 하나님의 자녀가 그렇습니다. 모두 죄인입니다. 그러나 하나님의 은혜로 말미암아 믿음으로 구별되었습니다. 성도가 된 것입니다. 얼마나 감격스러운 일입니까? 이것을 잊어서는 안 됩니다.

그리고 적극적인 의미로는 '깨끗함', '정결함', '순결함'의 의미가 있습니다. 죄가 없는, 흠이 없는 상태입니다. 어느 인간이 죄가 없고 흠이 없는 상태로, 깨끗한 존재로 살아갈 수 있습니까? 불가능합니다. 그러나 우리의 능력으로 성도가 될 수 없는 것처럼 성도답게 사는 것도 우리의 힘으로는 불가능합니다. 하지만 하나님은 하십니다. 예수 그리스도 안에서 믿음으로 연합하여 하나님과 함께할 때 하나님이 의롭다 하시고 우리를 깨끗하게 하십니다. 그 상태가 거룩입니다.

성도로 구별되는 것은 예수 그리스도 안에서 하나님의 은혜로 말미암아 믿음으로 단번에 됩니다. '단번에', 오직 믿음으로 하나님의 의를 받아 성도가 됩니다. 이것을 '칭의'라고 합니다. 죄인이지만, 오직 믿음으로, 하나님의 구원의 역사를 믿음으로 하나님께서 성도라 칭해 주십니다. 그러나 잘 아시는 대로 깨끗함, 순결함과 같은 상태는 평생의 과정을 통해서 점진적으로, 때로는 급진적으로 결국에 완성됩니다. 오직 하나님의 은혜로 되는 역사입니다.

그런데 이미 하나님의 자녀가 되었다며 성화에만 목적을 두고 그것을 지향하는 사람들이 많습니다. 기독교 안에서 칭의와 성화가 분리된 것입니다. 이것은 종교입니다. 왜냐하면 칭의도 성화도 오직 복음의 역사로 됩니다. 하나님의 은혜가 아니면 어느 누구도 의롭다고 인정받지도 못하고 거룩한 삶을 살아갈 수 없습니다. 성도 여러분, 오직 하나님의 은혜로 성도 되었다는 사실을 인식하며, 성도로 살기를 갈망하며 오늘을 살아가십니까? 내가 원하든 원치 않든, 이것이 하나님의 뜻입니다. 거룩하신 하나님의 뜻입니다. 거룩하신 하나님은 거룩한 자, 곧 성도를 찾고 계시고 거룩함을 지향하는 자녀를 기뻐하시며 함께하십니다. 그리고 하나님의 은혜로 하나님의 뜻을 이루어 천국에 들어가게 하십니다.

하나님께 영광 돌리는 삶

한번 생각해 보십시오. 모든 그리스도인은 하나님께 영광 돌리는 삶을 위해 기도하고, 그것을 목적으로 인식하고 있습니다. 그러면서 흔히 하나님의 일을 많이 하고, 성경공부를 많이 하고, 교회 일을 많이 하고, 많은 공로를 세우는 것에 집중합니다. 그런데 이것은 세상의 방식입니다. 하나님의 방식은 '거룩함을 통하여', 이것뿐입니다. 거룩한 자의 삶을 통하여 하나님께서 영광 받으십니다. 그래서 예수님께서 기도하십니다. 험악한 세상에서 살아야 하는 하나님의 자녀들을 위해 "이들을 거룩하게 하옵소서"라고 기도하십니다. 이것이 예수님의 간절한 최후기도입니다. 거룩함을 지향하지 못하고, 거룩함을 얻지 못하면 세상에 지게 됩니다. 사탄에게 속습니다. 결국은 이기적인 탐심에 이끌려 멸망으로 향할 것입니다. 또한 예수님은 하나님께 "저들을 보호해 주소서. 보전해 주소서"라고 기도하십니다. 우리 생각으로는 부와 건강을 주고, 안전과 행복과 만족을 주고, 좋은 환경을 줌으로써 보전된다고 착각하지만 그렇지 않습니다. 성경이 말씀하는 '보전과 보호'는 거룩함을 통하는 것뿐입니다. 거룩해져야만, 성도가 되어야만 세상에 물들지 않고 하나님과 함께하며 승리의 삶을 살아갈 수 있습니다.

성도 여러분, 그러면 어떻게 해야 거룩해집니까? 본문 말씀이 그 답을 줍니다. "진리로 거룩하게 하옵소서." 항상 기억하시기 바랍니다. 오직 '진리 안에서만' 인간은 거룩해집니다. 이것이 하나님의 방식입니다. 그러나 세상의 역사와 기독교 역사에서 보면 잘못된 방식으로 거룩함을 지향하는 사람이 너무나 많습니다. 대표적인 것이 금욕주의입니다. 무엇 무엇을 하지 않는 것, 대표적으로 술과 담배를 하지 않는 것을 말합니다. 그런데 그것으로 거룩해집니까? 아닙니다. 또는 도덕적인 삶을 살고 이웃을 위해서 봉사하며 나를 희생함으로써 거룩해진다고 합니다. 아닙니다. 그것은 종교적 차원입니다. 절대 거룩해지지 않습니다.

하나님 앞에 거룩함을 받는 것은 오직 진리로, 진리 안에서 되는 사건입니다. 그리고 예수님께서 명확하게 진리가 무엇인지를 말씀해 주십니다. "하나님의 말씀은 진리니이다." 하나님의 말씀만이 진리입니다. 성도 여러분, 하나님 말씀 외에서 진리를 추구하지 마십시오. 찾지도 마십시오. 적어도 거듭난 그리스도인이라면, 하나님 말씀 외에 다른 것에서 진리를 구할 수 있다고 기록한 책을 다 버리십시오. 읽지도 마십시오. 저는 이 부분에 대해서 누구보다 귀한 체험이 있습니다. 거듭나기 전인 대학교 때 철학을 전공했습니다. 철학 자체가 진리를 추구하는 학문으로 엄청난 영향력을 끼쳤습니다. 그런데 그것이 다 헛것입니다. 왠지 아십니까? 진리의 궁극은 하나님을 만나는 것입니다. 하나님과 함께하는 것입니다. 어떤 철학이나 종교도 하나님께 나가게 하지 못하고 또한 하나님과 함께할 수 없다는 것을 알아야 합니다.

그러면 철학이나 종교, 세상에서 말하는 지식이나 진리는 무엇입니까? 그것은 진리 같은 것, 부분적 진리입니다. 완전한 진리가 아닙니다. 사탄이 뿌린 씨앗입니다. 거기에 만족하면 안 됩니다. 물론 때로는 유익합니다. 그러나 거기서 만족해버리면 하나님이 필요 없습니다. 거기서 뛰어나면 종교를 창시하게 됩니다. 참 진리를 아는 자는 세상에서 말하는 그런 진리에서조차도 하나님의 말씀을 갈급해합니다. 왜냐하면 부분적 진리에 만족할 수가 없기 때문입니다. 이것으로 하나님을 만날 수가 없으니까요. 오직 하나님의 말씀만이 참 진리임을 인식하며 오늘을 살아가야 합니다. 그 안에 거룩함의 역사가 나타납니다.

그런고로 오직 하나님의 복음과 성령의 역사로 말미암아 미천한 죄인이 성도가 됩니다. 거룩한 자로 칭함을 받습니다. 그리고 이 세상 속에서 세상에 물들지 않고 거룩함을 지향하고 나타내며 살아가게 됩니다. 이건 추상적인 것이 아닙니다. 성도의 체험이 되어야 합니다. 우리는 세상 속에서 매일 죄 가운데 싸우고 있기 때문입니다. 내 안에서 투쟁하고 있습니다. 오직 복음과 성령의 역사로만 성도가 되었고 성도답게 살아갈 수 있음을 잊어서는 안 됩니다.

거룩함을 통한 하나님의 역사

그리고 본문 말씀에 놀라운 선언이 있습니다. 모든 그리스도인은 성경 말씀대로 하나님께서 이 세상에 보낸 자들입니다. 이 세상을 살아갈 때 사명이 주어집니다. 복음 전도의 사명을 갖고 있습니다. 그런데 어떻게 복음을 전합니까? 하나님의 방식은 딱 하나입니다. 거룩함을 통해서입니다. 이것을 잊어서는 안 됩니다. 거룩함을 지향하지 않는 자가 복음을 전하는 경우가 많습니다. 많이 전도하고 교회에 등록을 시킵니다. 그런데 거기에는 거듭남의 역사가 없습니다. 그저 종교인으로 채워버리는 것입니다. 이것이 교회의 위기요, 타락입니다. 그런데도 오늘날 전도하게 하려고 전도교육을 많이 시킵니다. 교단이나 교회에서 참 많이 시킵니다. '전도 폭발'이라는 새로운 용어도 등장했습니다. 드라마틱합니다. 하지만 이런 것은 다 헛것입니다. 그것은 숫자놀음 하는 것입니다. 하나님의 방식은 거룩함을 통하여 하나님께서 하시는 것입니다. 이것을 잊어서는 안 됩니다.

그래서 본문 18절은 이렇게 기록합니다. "아버지께서 나를 세상에 보내신 것 같이 나도 그들을 세상에 보내었고." 예수님께서 이제 십자가에 죽으셨다가 부활하실 것입니다. 좀 있으면 승천하실 것입니다. 반면 제자들은, 하나님의 백성들은 이 세상에 살아야 합니다. 예수님은 세상을 너무나 잘 아십니다. 이들에게 가장 필요한 것은 거룩함입니다. 구별된 성도의 삶을 살아가는 것입니다. 그래야 하나님께서 함께하실 것입니다. 또한 이들이 복음의 사명을 감당할 때 가장 중요한 핵심은 거룩함입니다. 어떤 방법론이 아닙니다. 그래서 예수님께서 기도하십니다. "저들을 세상으로 보내었나이다. 저들에게 거룩함이 간절히 필요합니다." 즉 그들이 이 사실을 알고 예수님과 같은 기도를 하며, 이 기도가 이루어져 거룩함을 추구하고 복음의 증인으로 하나님의 역사를 나타나게 해달라고 기도하고 계십니다.

초대교회를 생각해 보십시오. 세상이 험악합니다. 극소수의 성도만 남았습니다. 그들은 이 기도를 알았고 거룩함을 목적으로 살았습니다. 하나님께서 그들과 함께하시어 위대한 역사를 일으키십니다. 이것이 초대교회의 역사입니다. 성경의 역사입니다. 종교개혁을 생각해 보십시오. 극소수의 거룩한 자를 통하여, 거룩함을 추구하는 자를 통하여 하나님께서 부흥의 역사를 일으키셨습니다. 종교개혁을 일으키셨습니다. 마르틴 루터, 장 칼뱅과 같은 극소수의 성도를 통하여 부흥의 역사를 일으키셨습니다. 이걸 잊어서는 안 됩니다.

그리고 더욱더 깊이 있는 위대한 복음을 우리에게 듣게 하십니다. 그것이 19절 말씀입니다. "또 그들을 위하여 내가 나를 거룩하게 하오니 이는 그들도 진리로 거룩함을 얻게 하려 함이니이다." 이것이 무슨 뜻입니까? 한번 생각해 보십시오. 예수님은 거룩하신 분입니다. 한 번도 거룩하지 않으신 적이 없습니다. 죄를 지으신 적이 한 번도 없는 분입니다. 그분은 곧 하나님이십니다. 그런데 왜 별도로 자신을 거룩하게 하신 것입니까? 이미 거룩하신 분인데 말이지요. 이 말은 십자가를 말하는 것입니다. 죄가 없으신 예수님은 십자가를 지실 분이 아닙니다. 그러나 온 인류의 죄를 대속하시기 위하여, 우리 같은 죄인을 성도 되게 하시기 위하여 스스로 거룩하게 다시 만드신 것입니다. 하나님의 뜻에 순종하여 왜 이런 일을 하십니까? 성경에 그 위대한 복음의 이유가 이렇게 기록됩니다. "그들을 위하여." 정말 감사한 일입니다. "그들을 위하여." 그들은 바로 하나님의 자녀입니다. 하나님의 자녀들을 거룩하게 만드시기 위하여 예수님께서 십자가에 죽으신 것입니다. 이것을 잊어서는 안 됩니다.

오직 복음을 믿음으로

성도 여러분, 오직 십자가의 복음을 믿음으로만 죄인이 성도가 됩니다. 의지도 약한 나약한 죄인이지만, 거룩을 지향하고 거룩함을 나타내며 살아갈 수 있게 만드는 지혜와 능력은 오직 십자가의 복음뿐입니다. 예수님께서 기도로 이것을 제자에게 알게 하시고, 우리로 깨닫게 하십니다. "그들을 위하여 내가 나를 거룩하게 하오니." 얼마나 감사합니까? 단번에 성도 되게 하시고, 성도로 지속적으로 살아갈 수 있도록 성화의 약속을 우리에게 복음으로 계시하고 계십니다. 이 칭의와 성화, 모든 놀라운 역사가 예수 그리스도 안에서 나타난 것입니다. 십자가의 복음으로 말미암아 우리에게 나타나는 하나님의 은총입니다. 그래서 이 복음의 비밀을 아는 자는 '나 같은 죄인이 성도 됐다. 나 같은 죄인이 성도로 살아갈 수 있는 믿음이 생겼다'라고 고백하며 예수님을 따라갑니다. 오직 그리스도를 따르는 삶을 살아갑니다. 살아 계신 그리스도가 내 안에 계시기를 갈망하며, 그리스도를 아는 지식을 깊이 묵상하며 오늘을 살아갑니다. 왜냐하면 예수 그리스도 밖에서는 칭의도 일어나지 않고, 성화도 일어나지 않기 때문입니다. 예수 그리스도와 분리되어서는 성도가 될 수도 없고, 성도답게 살아갈 수도 없습니다. 우리는 삶으로 체험합니다. 그래서 성령의 도우심을 받아 예수 그리스도 안에서 믿음으로 연합한 자로 살기를 갈망하며, 칭의와 성화의 역사에 살아 있는 증인으로 오늘을 살아가게 됩니다.

초대교회 역사 중에 참으로 충격적인 사건이 있습니다. 성경을 읽다보면 '왜 이런 사건이 성경에 기록되어 있을까? 왜 이 사건이 일어났을까?'라는 생각이 드는 사건이 있습니다. 바로 사도행전 5장에 기록된 사건입니다. 초대교회가 생기고 많은 사람에게 거듭남의 역사가 나타나면서 유무상통하게 됩니다. 참으로 하나님의 은혜입니다. 진리로 충만한 삶을 살아가는 교회가 나타났습니다. 그런데 어느 날 갑자기 아나니아와 삽비라가 많이 봉사하고 헌신하며 전 재산을 다 팔아서 상당 부분을 교회에 헌금했습니다. 그런데 그들이 교회 안에서, 성도들 앞에서 죽습니다. 하나님의 심판이 나타납니다. 충격적입니다.

이 이야기를 조금만 각색해 보십시오. 그때나 지금이나 봉사하지 않는 사람, 하나님의 일을 하지 않는 사람, 바빠서 교회의 일을 하지 않는 사람, 자기 재산을 바치지 않는 사람이 많은데 왜 아나니아와 삽비라가 이런 일을 당한 것입니까? 열심히 하나님의 일을 했는데, 그것도 전 재산을 팔아서 상당 부분을 바쳤는데 말이지요. 그 이유가 성경에 이렇게 기록됩니다. "하나님을 속여서." 즉 재산을 팔아서 그 중의 얼마를 '하나님의 것입니다' 하면 되는데, 사람들에게 보이려고 일부를 바치면서 전 재산이라고 한 것입니다. 한마디로 위선 때문입니다. 다른 말로는 경건의 모양, 기록된 말씀으로 보면 거룩함의 모양만 있었습니다. 거룩함이 무엇인지를 모릅니다. 감히 하나님을 속인 것 때문에, 거룩하신 하나님께서 초대교회에 무서운 사건을 일으키십니다. 거룩하신 하나님을 계시하십니다. 이후 사도행전 5장을 보면 초대교회는 날마다 부흥했습니다. 하나님 앞에서 거룩함을 지향하며 은혜 충만한 교회로 거듭납니다. 하나님께서 '교회는 거룩한 하나님의 전이다', 이것을 강력하게 계시하셨습니다. 비록 죄인이지만 성도는 거룩한 자임을 말이지요. 하나님 앞에서는 그런 속임과 죄가 없어야 합니다. 그런데 회개하지 않고 경건의 모양만 보이려고 했으니 하나님께서 치신 것입니다.

성도 여러분, 거룩하신 하나님께서 오늘도 거룩한 자, 성도를 찾고 계십니다. 성도되었음을 기뻐하며, 성도로 거룩한 삶을 목적으로 지향하는 하나님의 자녀를 찾고 계십니다. 왜냐하면 하나님은 거룩한 자를 통해서만 영광 받으시고, 그들의 삶 속에서 하나님의 역사를 나타내시기 때문입니다. 우리 안에 영생이 있다는 것이 바로 그것입니다. 내 안에 영생이 있고, 하나님이 사시는 영생이 있다는 객관적 근거가 무엇입니까? 내가 변했다는 것입니다. 이전에는 나의 행복, 안정, 성공, 성취를 추구했으나, 이제 그것은 차선입니다. 오로지 하나님 앞에 있을 때마다, 기도할 때마다 거룩함을 지향합니다. 그래야만 하나님과 함께하고 하나님의 은총을 누리며, 하나님께 쓰임 받을 수 있기 때문에 거룩함을 지향합니다.

이 땅에서 영생의 삶이란 거룩함을 나타내며 거룩함을 기뻐하고 거룩함을 지향하는 것을 의미합니다. 그러다가 천국 가는 것입니다. 하나님의 은혜로, 비록 죄인이지만 거룩함을 하나님께서 덧입혀 주십니다. 그렇기에 세상 속에서 항상 예수 그리스도를 묵상하고 그리스도를 따르기를 바라며 그리스도를 아는 지식을 갈망하면서 복음의 증인으로 살아갑니다. 그 속에서 하나님의 거룩하심이 나와 함께하며, 내가 변화되어 하나님의 거룩하심을 나타내며 은혜에 합당한 삶으로 승리하게 되는 것입니다.

─── 기도 ───

전지전능하신 은혜의 하나님, 하나님을 알지 못할 때 세상에 속한 자로 미천한 죄인이었지만, 이제는 예수 그리스도 안에서 하나님의 이름을 알고 깨달아 거룩하신 하나님 앞에서 성도의 존재로 살며, 거룩함을 목적으로 권세 있는 삶을 살게 해주심을 진심으로 감사드립니다. 주께서 마지막 죽음 앞에서까지 우리를 위하여 진리로 거룩하게 해달라고 기도하셨기에 그 기도의 응답으로 우리가 하나님의 은혜를 받아 하나님의 자녀로 거룩함을 나타내며, 거룩함을 힘입어 하나님께 영광 돌리는 삶을 살게 해주심을 진심으로 감사드립니다. 성령이시여, 이 놀라운 복음의 비밀과 권세를 항상 가슴에 새기고, 주님의 기도가 나의 기도가 되어 하나님 앞에서 거룩함을 지향하며, 거룩하신 하나님께 깨어 기도하며, 믿음으로 승리하는 삶을 살 수 있도록 지켜주시옵소서. 우리 주 예수 그리스도의 이름으로 간절히 기도드리옵나이다. 아멘.

09

하나가 되게 하소서

내가 비옵는 것은 이 사람들만 위함이 아니요 또 그들의 말로 말미암아 나를
믿는 사람들도 위함이니 아버지여, 아버지께서 내 안에, 내가 아버지 안에 있
는 것 같이 그들도 다 하나가 되어 우리 안에 있게 하사 세상으로 아버지께서
나를 보내신 것을 믿게 하옵소서 내게 주신 영광을 내가 그들에게 주었사오니
아는 우리가 하나가 된 것 같이 그들도 하나가 되게 하려 함이니이다 곧 내가
그들 안에 있고 아버지께서 내 안에 계시어 그들로 온전함을 이루어 하나가 되
게 하려 함은 아버지께서 나를 보내신 것과 또 나를 사랑하심 같이 그들도 사
랑하신 것을 세상으로 알게 하려 함이로소이다

- 요한복음 17:20-23

09

하나가 되게
하소서

아프리카 초원을 누리는 얼룩말은 가장 연약한 동물 중 하나입니다. 얼룩말의 얼룩무늬는 멀리서도 눈에 잘 띄어 온갖 맹수의 표적이 됩니다. 맹수가 쫓아오면 탁월한 재주 하나로 열심히 달아날 뿐입니다. 그러나 이처럼 연약한 얼룩말이 사자나 표범이나 호랑이와 맞서서 이기는 때도 있습니다. 어떻게 이길 수 있을까요? 얼룩말은 처음부터 맹수와 맞설 수 없습니다. 맞서지 않습니다. 무조건 도망갑니다. 힘을 다해 사력을 다해 도망갑니다. 그러다가 더 이상 달아날 수 없는 막다른 곳에 이르면, 맹수에 대항하기 위해서 얼룩말들은 서로 진을 짭니다. 서로 머리를 맞대고 둥그런 원을 만든 뒤에 자신들이 가진 강력한 뒷발로 달려드는 맹수를 향해 사력을 다해 뒷발 질합니다. 동물의 왕이라는 사자뿐만 아니라, 호랑이나 표범들도 얼룩말이 이렇게 진을 짜고 대항하면 속수무책이 됩니다.

하나가 되기를 구하는 기도

성도 여러분, 인간이 함께 연합할 때 놀라운 가능성을 갖게 되며 큰 영향력을 끼치게 됩니다. 진정한 힘과 능력은 함께 연합하여 하나가 될 때 나타납니다. 하나님께서는 하나님의 교회가 하나 되기를 기뻐하시고, 성도들이 하나 되는 것을 원하십니다. 그러나 오늘의 현실은 어떻습니까? 참으로 참담합니다. 세상은 끝없이 분열되고 싸우기를 반복합니다. 하나님의 교회와 성도들조차도 계속 분열돼 갑니다. 왜 이러한 상태에 이르게 된 것입니까? 성경은 두 가지 이유를 말씀해 줍니다.

먼저는 죄의 권세 때문입니다. 죄 아래에서 죄가 무엇인지도 모르고 죄 중에 살며 죄와 타협해 죄의 종이 되었기 때문에 분열할 수밖에 없습니다. 또 다른 이유는 사탄의 강력한 역사 때문입니다. 사탄의 유혹에 빠져 넘어지기에 분열되고 있습니다. 이러한 세상 속에 예수님께서 오셨습니다. 이러한 세상 속에서 예수님은 놀라운 하나님의 뜻을 우리에게 선포해

주십니다. 우리를 위하여 오늘도 기도하십니다. 본문을 통하여 예수님이 무엇을 기도하셨는지를 우리는 알게 됩니다. 예수님은 하나님의 자녀, 믿는 자들이 하나 되게 해달라고 기도하셨고, 오늘도 기도하십니다. 하나님의 자녀에게는 이 기도가 나의 기도가 되고, 이 기도의 능력과 역사가 내 안의 사건으로 나타나야 합니다.

요한복음 17장 전체가 예수님의 기도입니다. 1절부터 5절까지에서 자신을 위한 기도를 하셨고, 6절부터 19절까지에서 제자들을 위한 기도를 하셨습니다. 그리고 본문 말씀부터 마지막까지는 믿는 자, 모든 그리스도인을 위한 기도를 하셨습니다. 이제 예수님께서 믿는 자, 모든 그리스도인을 위하여 기도하십니다. 십자가를 지시기 전, 최고의 유언과 같은 기도입니다. "그들을 하나 되게 하소서. 하나 되게 하소서."

성도 여러분, 하나 됨은 하나님의 뜻입니다. 그런데 세상은 하나님의 뜻을 거역하며 불순종함으로 분열되었습니다. 하나님은 하나 됨을 통하여 역사하십니다. 그런데 하나님의 자녀들이, 하나님의 교회가 하나 되기는커녕 점점 분열됨을 통하여 세상의 조롱거리가 되고 세상에 아무 영향력도 끼칠 수 없게 되었습니다. 이것을 인식해야 합니다.

오늘날 기독교의 역사 안에서 보면, 항상 하나 됨을 추구했습니다. 하나 됨을 구호로 외쳤습니다. 하나 되는 역사에 많은 사람이 동참했고, 열정을 가지고 헌신한 적도 있었습니다. 그런데 결과는 정반대였습니다. 안으로, 밖으로 더 큰 분열이 만들어졌습니다. 그 이유가 무엇입니까? 하나 됨의 방식과 목적이 잘못됐기 때문입니다. 이것을 잊어서는 안 됩니다. 부끄러운 이야기지만, 지금 대한민국에 기독교 교단이 몇 개나 있는지 아십니까? 저도 한번 조사를 해보고 깜짝 놀랐습니다. 등록된 것만 거의 400개가 됩니다. 교회가 아니라, 교파와 교단의 수가 이렇습니다. 이래서 조롱받습니다. 아무 힘이 없습니다. 하나님은 하나님의 교회가, 하나님의 자녀들이 하나 되기를 원하시는데, 점점 분열돼 가고 있습니다. 뭔가 잘못되어 가고 있습니다. 기독교는 하나님의 역사가 일어나는 곳임에도 불구하고 기독교 안에서 끝없이 조직적 연합과 외적 연합을 추구합니다. 역사가 말해 줍니다. 오늘도 그렇고, 이 일은 계속될 것입니다. 그런데 역설적이게도 이렇게 하나 되자고 하는데 더 분열되는 모순이 일어납니다. 왜냐하면 조직적인 연합은 세상의 방식이고 인간의 방식이지, 하나님의 방식이 아니기 때문입니다. 이것을 잊어서는 안 됩니다.

오늘도 교계 안에서 하나 되자고 모임을 가지면서 먼저 조직부터 만듭니다. 이것은 잘못된 일입니다. 하나님의 은사를 땅에 묻는 것입니다. 방식이 잘못됐는데도 그것밖에 모르니 얼마나 어리석은 일입니까? 이런 이야기를 들어보셨을 것입니다. '교파들의 연합, 초교파 연합.' 얼마나 거창합니까? 하지만 추상적이며 헛되이 시간과 물질을 낭비할 뿐입니다. 절대 이루어지지 못합니다. 자꾸 조직을 갖자는 것은 기독교가 잘못 가는 것입니다. 그런 것에 유혹되지 마십시오.

그런가 하면 20세기 이래로 영향력을 끼치는 보편적 연합 운동으로 에큐메니컬 운동(ecumenical movement)이 있습니다. 온 교회는 하나 되어야 한다며 조직을 갖춥니다. 그럴듯하지만, 안으로 또 밖으로 계속 분열됩니다. 이것은 하나님의 방식이 아닙니다. 조직적이고 외적인 연합은 하나님의 뜻이 아닙니다. 하나님의 방식이 아닙니다. 이것을 항상 기억하시기 바랍니다. 성경으로 돌아가 보십시오. 성경이 답을 줍니다. 성경에서 하나 됨은 영적, 내적, 생명의 연합입니다. 이것뿐입니다. 영적이고 내적인 생명의 연합이 하나님이 원하시는 하나 됨입니다.

성경이 보여주는 연합

하나님의 사람 마틴 로이드 존스 목사는 성경 안에 네 가지 연합이 있음을 우리에게 지적해 주고 있습니다. 한번 생각해 보십시오.

첫째가 삼위일체 하나님의 연합입니다. 이것은 세상에 없습니다. 알지도 못합니다. 아버지 하나님, 아들 하나님, 성령 하나님이 하나입니다. 성경 전체는 삼위일체 하나님의 역사를 계시합니다. 그 신비로운 연합, 이것이 하나님의 방식입니다. 목적입니다.

또한 두 번째 연합은 예수 그리스도 안에 있는 연합입니다. 예수 그리스도는 참 인간이요, 참 하나님이십니다. 참 인간이요, 참 하나님으로 유일하신 분입니다. 인간과 하나님이 어떻게 연합이 되겠습니까? 예수 그리스도 안에 나타난 것입니다. 이러한 놀라운 신비의 영적인 연합, 이것이 하나님이 원하시는 것입니다.

세 번째 연합은 예수 그리스도와 성도들 간의 연합입니다. 예수님이 나의 주가 되십니다. 살아 계신 그리스도가 내 안에 계심을 믿고 고백하게 됩니다. 그 믿음으로 살아갈 때 자기가 부인되므로 예수님이 정말 내 안에 그리스도로, 주로 나타나십니다. 그때 생명의 내적인 영적 연합이 일어납니다. 바로 이러한 연합을 하나님께서 기뻐하십니다.

그리고 네 번째가 성도들 간의 연합입니다. 그것이 교회입니다. 그리스도의 몸 된 교회에서 머리는 그리스도요, 성도들은 지체로 하나가 됩니다. 참으로 신비롭습니다. 오늘 예수님께서 기도하시는 하나 됨은 이 네 번째인 성도들 간의 연합입니다. 교회의 연합을 의미합니다. 그래서 21절에서 예수님은 이렇게 기도하셨습니다. "아버지여, 아버지께서 내 안에, 내가 아버지 안에 있는 것 같이 그들도 다 하나가 되어."

항상 기억하십시오. 아버지와 내가 하나가 된 것같이 그들도 다 하나가 되는 것이 하나님의 방식입니다. 신비로운 삼위일체 하나님의 연합, 그리스도 안에서 참 인간과 참 하나님의 연합, 그리스도의 몸 된 교회 안에서의 연합과 같이 성도들이 연합되기를 바라셨습니다. 이 하나 됨의 신비를 알지 못하면 하나 됨을 추구하나 끝없이 분열하고 맙니다. 그런고로 연합의 본질을 알아야 합니다. 하나님의 방식이 무엇이고, 목적이 무엇인지를 먼저 깨달아야 하나님의 뜻에 합한 하나 됨을 이루어나갈 수 있습니다. 기독교는 본질에서 하나 되는 것입니다. 그리고 본질과 비본질을 분별해야 하나 될 수 있습니다.

미국 테네시 주에 'Right Foot Church', 문자 그대로 '오른발 교회'라는 이름의 교회가 있는데, 우리에게 큰 교훈을 줍니다. 1708년 독일에서 넘어온 형제교단 소속의 교회가 있었는데 이 교단은 성찬식보다 세족식에 더 비중을 둡니다. 오래전에 이 교회에서 세족식을 행할 때입니다. 목사님이 습관대로 세족식을 행하면서 성도들의 왼발을 씻겼습니다. 세족식이 끝나고 나서 한 집사님이 와서 막 따지며 호통을 쳤습니다. "목사님, 오른발부터 씻기셔야지, 왜 자꾸 왼발부터 씻기십니까? 오른발이 옳습니다. 오른발부터 씻겨주세요." 그러면서 막 목사님을 나무라는 것입니다. 그런데 이 목사님은 오른손잡이니 상대방의 왼발부터 씻길 수밖에요.

목사님이 곰곰이 생각해 보니, 너무나 화가 났습니다. 어느 발을 먼저 씻기든, 그것이 성경적으로 문제 있는 게 아니거든요. 그런데도 오른발을 먼저 씻기는 것이 성경적이고, 성경적 권위가 있다고 주장하면서 마치 목사님이 아무것도 모르고 성경을 위배했다는 식으로 호통을 치며 훈계하는 것이 못마땅했습니다. 그래서 다음에 다시 세족식할 때도 일부러 또 왼발부터 발을 씻겼습니다. 결국 목사님을 호통 치던 집사님이 자기를 무시한다고, 성경을 위배했다고 비난하며 목사님을 비방하다가 많은 무리를 끌고 나가면서 교회를 분열시켰습니다. 그리고 그 옆에 교회를 세웠는데 그 교회가 바로 '오른발 교회'입니다. 참 웃긴 일이지만, 오늘날 교회의 분열은 다 이런 식입니다. 본질이 뭔지를 몰라서 비본질을 본질 위에 올려놓고 하나 됨을 깨뜨립니다.

성도의 정체성과 하나 됨의 본질

성도 여러분, 성도들 간에 하나 됨을 위해서는 먼저 성도가 누구인지를 알아야 합니다. 하나님의 자녀로 내가 누구인지, 그 정체성을 알아야 됩니다. 그래서 예수님께서 이 기도를 통해, 이 기도 안에서 정체성을 명확하게 정의 내려주십니다. 이미 6절에서 우리가 묵상한 대로 그리스도인은 '내게 주신 사람들'입니다. 하나님께서 친히 예수님께 주신 백성들입니다. 그들만 하나님의 자녀요, 하나님께 속한 자입니다. 더욱이 그들은 예수 그리스도를 통해서 하나님의 이름을 받고 알고 믿었습니다. 그들이 하나님의 자녀입니다. 또한 그들은 예수 그리스도가 누구이신지를 알았습니다. 하나님께서 보내신 분이요, 하나님과 함께 계시다가 하나님께서 이 땅에 보내신 독생자 하나님이십니다. 그것을 믿는 자가 그리스도인입니다. 그렇기에 세상에 속한 자가 아닙니다. 하나님께 속한 자입니다. 진리로 거룩함을 추구하며, 거룩함으로 지음 받은 새 사람입니다. 이것이 그리스도인의 정체성입니다. 어느 교회에 다니느냐, 직분이 뭐냐, 얼마나 하나님의 일을 했느냐가 중요한 것이 아닙니다. 본질이 뭔지, 정체성이 뭔지를 알아야 합니다.

성도 여러분, 하나님의 자녀인 그리스도인이 이것을 알 때,

그 정체성을 분명히 알 때 하나가 됩니다. 시대를 넘어서, 지역을 넘어서 이미 하나 되었다는 것을 깨닫습니다. 그런고로 하나님의 방식이 무엇인지를 알아야 합니다. 연합을 추구하고 하나 됨을 얘기하지만, 하나님의 하나 되게 하시는 방식이 무엇인지 성경을 통해서 먼저 알아야 합니다. 그래야 하나 될 수 있습니다.

성경 안에 네 가지가 명료하게 나타나 있습니다. 먼저는 하나님의 말씀을 믿음으로 하나 됩니다. 하나님의 말씀을 믿지 않는 자는 절대 하나가 되지 못합니다. 그들은 내버려 두십시오. 하나님도 내버려 두십니다. 하나님의 말씀을 정말로 믿는 하나님의 자녀들은 이미 그 믿음 안에서 하나가 됩니다. 이것을 잊어서는 안 됩니다. 예수님께서 전하신 하나님의 말씀, 사도들이 전한 하나님의 말씀 그대로를 알고, 받고, 믿음으로 하나 됩니다.

또한 거듭남을 통해서 하나 됩니다. 거듭나지 않은 사람과 거듭난 사람은 절대로 하나가 되지 못합니다. 영생을 가진 자와 영생을 갖지 못하는 자도 하나 되지 못합니다. 교회 안에서도 영생을 받은 자가 있고, 받지 못한 자가 있습니다. 거듭남을 받은 자가 있고, 거듭남을 받지 못한 자가 있습니다. 그것은 섞일 수가 없습니다. 하나 되지 못합니다. 오직 거듭남을 통해서만 영생을 받아야 하나 됩니다. 복음과 성령의 역사로 하나 됨의 역사가 나타납니다.

그리고 세 번째는 예수 그리스도 안에서 연합함으로 놀랍게도 성도 간에 연합이 이루어집니다. 살아 계신 그리스도가 우리 안에 살아 계셔서 나를 통하여 나타나시고 그리스도께 순종할 때, 모든 그리스도인은 어디에 있든지 하나가 됩니다. 그래서 예수님께서 22절에 이렇게 기도하셨습니다. "내게 주신 영광을 내가 그들에게 주었사오니 이는 우리가 하나가 된 것 같이 그들도 하나가 되게 하려 함이니이다." 그리스도의 영광을 받고, 그리스도의 영광의 참여자가 될 때 모든 그리스도인은 하나가 됩니다.

네 번째는 온전함을 이루어야 진실로 하나가 됩니다. 이것은 거룩함을 추구하고 거룩함을 받는 그러한 상태에서 하나가 됨을 말합니다. 그래서 예수님께서 23절에서 이렇게 기도하십니다. "곧 내가 그들 안에 있고 아버지께서 내 안에 계시어 그들로 온전함을 이루어 하나가 되게 하려 함은." 온전한 하나님의 자녀가 되지 못하면 잠시 연합할 수 있지만 지속적이 될 수는 없습니다. 이것이 하나님의 방식입니다. 이 하나님의 방식은 항상 영적이고 내적이며 생명적인 연합입니다. 이것을 잊어서는 안 됩니다. 초대교회를 보십시오. 다양한 언어를 썼고, 다양한 민족들이 모였습니다. 그러나 성경에 보면 하나 된 하나님의 자녀들이 나타났습니다. 그것을 교회요, 기독교라 불렀습니다. 그것은 조직적이고 외적인 연합이 아니었습니다. 영적이고 내적이며 생명적인 연합이었습니다. 그들 모두는 복음의 증인으로 하나님의 영광을 나타내게 됩니다. 이것을 항상 기억해야 할 것입니다.

그러나 오늘날은 자꾸 조직을 가지고 외적인 연합을 갖추려 합니다. 그렇게 하나를 추구하지만, 결과는 더 큰 분열을 야기합니다. 왜냐하면 인간의 방식으로 하나 됨을 추구하기 때문입니다. 그럴듯하지만 안 됩니다. 우리는 항상 이 세상에 사는 동안 이것을 봅니다. 정치라는 게 그런 것입니다. 정치는 항상 있어야 되는데, 사회 안에서 인간의 연합을 추구합니다. 선한 목적을 이야기하자고 하면서 매일 싸웁니다. 항상 싸웁니다. 각자는 연합하고 싶은 마음이 있을 수 있습니다. 그러나 방식이 잘못되었고, 목적이 잘못됐기 때문에 결코 하나 될 수 없습니다. 더 이상 속아서는 안 됩니다. 이런 구호에 끌려가서는 안 됩니다. 기독교도 전통과 제도와 관습으로 자꾸 하나 되고자 합니다. 어림도 없는 이야기입니다. 잠깐은 그럴듯할지 모르지만, 그것은 더 큰 분열을 낳았습니다.

예를 들어보겠습니다. 기독교 2천 년 역사상 가장 강력하게 하나 됨을 주장하는 것이 로마 가톨릭입니다. 교황제도 아래서요. 그러나 이것은 본질이 아닙니다. 교황제도라는 게 성경 어디에 있습니까? 전통과 관습입니다. 성모 마리아 안에서 교회가 하나 된다는 주장 역시 그럴듯하고 좋은 구호 같아 보이지만, 그것은 본질이 아닙니다. 성경 어디에도 그런 말씀이 없습니다. 그런데도 그냥 끌려갑니다. 계속 분열이 일어날 수밖에 없습니다. 개신교 안에서도 마찬가지입니다. 본 교회는 대한예수교장로회의 통합측 소속 교회입니다. 어떤 사람은 장로교회가 최고라고, 통합측이 최고라고 할지 모르지만, 어느 교단에 소속해야만 구원받는 것이 아닙니다. 그런 것이 아닙니다. 예수 그리스도를 믿음으로 구원받습니다. 교단들은 단지 분파일 뿐입니다. 문화적인 것입니다. 본질적인 것보다 비본질적인 게 더 큽니다. 그 안에는 하나 됨이 없습니다. 그래서 매번 싸웁니다. 이것을 분명히 인식해야 합니다. 그런고로 하나 됨을 막는 그럴듯한 장애물을 알고, 그 장애물을 제거해야 합니다. 한마디로 하나님의 방식 외의 것은 다 제거될 대상입니다. 그런 인간의 방식, 세상의 방식으로는 절대 하나 되지 못합니다. 세계 역사가 보여주고 기독교 역사가 보여줍니다. 더 이상 속아서는 안 됩니다.

구체적으로 말씀드리면, 하나님의 말씀을, 복음을 가감함으로 하나 되려고 해서는 절대로 안 됩니다. 바리새인과 하나 될 수 없습니다. 하나 되어서도 안 됩니다. 오직 복음 안에서만 하나 됩니다. 그리고 전통과 제도, 관습 안에서 하나 되지 못합니다. 그것이 선한 것이라 할지라도 차선입니다. 유보해야 합니다. 다양성을 인정해야 합니다. 그리고 조직과 외적 연합을 통해서 하나 됨은 추상적입니다. 이것은 하나님의 방식이 아닙니다. 무엇보다도 하나님의 목적이 더욱더 중요합니다. 왜 하나 되고자 하느냐 하는 것입니다. 성도들이, 하나님의 자녀들이 하나 되기를 간절히 기도하는 목적이 세상에서 성공하고, 강력한 힘을 갖고, 강한 지배력을 갖고, 권력을 갖기 위함이어서는 안 됩니다. 이런 것이 절대 아닙니다.

예수님이 기도하신 하나 됨의 목적

본문 말씀에 하나 됨의 목적이 무엇인지를 기도 중에 계시하고 계십니다. 세 가지를 나타내고 있습니다. 첫째가 보전입니다. 예수님의 기도 전체는 하나님의 자녀들이 세상으로부터, 악으로부터, 사탄으로부터 보전되어 보호되기를 기도하십니다. "하나님이여, 저들을 보호해 주소서." 하나님의 보전의 방식은 성도들이 하나 되는 것입니다. 그렇지 못하면 세상에

지고 맙니다. 그래서 예수님께서 기도하십니다. "저들을 보전키 위하여 하나 되게 하소서." 그래서 이미 11절에 그 기도를 하셨습니다. "나는 세상에 더 있지 아니하오나 그들은 세상에 있사옵고 나는 아버지께로 가옵나니 거룩하신 아버지여 내게 주신 아버지의 이름으로 그들을 보전하사 우리와 같이 그들도 하나가 되게 하옵소서." 항상 이 말씀을 묵상하십시오. 그리스도인이 하나가 되지 않으면 세상에서 아무 영향력도 끼치지 못하고, 결국은 세상의 유혹을 받아 세상 풍조에 휩쓸리게 됩니다. 하나님의 자녀답게 살아갈 수 없습니다. 그래서 예수님은 '하나님의 자녀가 하나 되게 하소서'라고 유언과 같은 기도를 하셨습니다.

또한 두 번째 목적은 예수 그리스도를 세상이 알게 하기 위하여 하나 되어야 합니다. 교회가 흩어질 때, 분열될 때 아무리 복음을 증거해도 소용없습니다. 비웃습니다. 조롱합니다. 매일 싸우고 분열되면서 누구에게 예수님을 믿으라고 하겠습니까? 믿지 않습니다. 그래서 예수님은 기도하십니다. "내가 하나님으로부터 온 것을 저들이 알게 하기 위하여 하나님의 백성이 하나 되게 하소서." 그래서 21절에서 이렇게 기도하십니다. "아버지여, 아버지께서 내 안에, 내가 아버지 안에 있는 것 같이 그들도 다 하나가 되어 우리 안에 있게 하사 세상으로 아버지께서 나를 보내신 것을 믿게 하옵소서." 성도 여러분, 예수님은 종교 창시자가 아니십니다. 하나님으로부터 보내심을 받으신 분입니다. 하나님과 함께하시다가 이 땅에 오신 아들 하나님이십니다. 성육신하신 하나님이십니다. 이 믿을 수 없는 일을 믿게 하기 위해서 교회가, 성도가 하나 되어야 합니다. 그럴 때 충격을 주고 영향력을 줌으로 믿게 됩니다.

세 번째는 하나님의 사랑을 알게 하기 위해서 저들이 하나 되게 해달라고 기도합니다. 아가페를 알게 하기 위해서, 참사랑을 알지 못하는 이 세대에 참사랑을 알게 하기 위해서 저들로 하나 되게 해달라고 간절히 기도하십니다. 그래서 23절 후반부에 이렇게 기도하십니다. "아버지께서 나를 보내신 것과 또 나를 사랑하심 같이 그들도 사랑하신 것을 세상으로 알게 하려 함이로소이다." 한마디로 십자가의 복음의 의미를 알게 하기 위해서 성도들은 하나 되어야 합니다. 십자가 안에 나타난 하나님의 사랑이 얼마나 크고 은혜로운가를 알게 하기 위해서 하나님의 자녀는 하나 되어야만 합니다. 그런데 분열하면 아무리 하나님의 사랑을 증거하고 하나님의 사랑이 나타났다고 하더라도 저들이 믿지 않습니다. 얼마나 놀라운 신비의 말씀입니까?

하나 됨을 힘써 지키라

성도 여러분, 성경 전체를 통해서, 예수님의 기도를 통해서 명백하게 나타난 사실은 하나님의 자녀가, 하나님의 교회가 하나 된다는 것은 이미 이루어진 것이라는 점입니다. 다시 말해서, 이제 우리의 힘과 노력과 열심과 헌신으로 하나 되라는 것이 아닙니다. 이미 삼위일체 하나님께서 이루어놓으신 하나 됨을 믿음으로 알고 지키라는 것입니다. 이것이 하나 됨의 비밀입니다. 복음의 역사와 성령의 역사를 통해서 믿음의 사람들은 이미 성도로 하나 되었습니다. 실제 삶에서 보십시오. 생전 알지도 만나보지도 못한 사람이지만, 참 성도를 만나면 미국에서 만나든 아프리카에서 만나든, 어디서 만나든 다 형제 같습니다. 이미 주 안에서 하나 되었습니다. 이것을 지키라고 말씀합니다.

그런데 세상은 물론이고, 하나님의 자녀들과 교회들조차도 이것을 잊습니다. 하나님의 은혜와 방식을 망각하고, 하나님의 목적과 뜻을 망각하고 세상에서 하나 되는 방식, 외적이고 조직적으로 연합하는 것을 추구합니다. 이것은 기독교가 아닙니다. 이것은 성령의 역사가 아닙니다. 그래서 예수님께서 기도하십니다. 그 모든 걸 내다보시면서 '저들이 오직 주 안에서, 성령 안에서, 하나님 앞에서 하나 되게 하소서. 하나님께서 이루신 하나 됨을 지켜나가게 하소서'라고 기도하십니다.

인간에게 이기심이 있는 한 결코 하나 되지 못합니다. 내 안에 이기심이 있는 한 타인과 하나 되지 못합니다. 집단적, 개인적 이기심이 있는 한 하나 되지 못합니다. 이기심이 사라져야 됩니다. 자기가 부인되어야 합니다. 그런데 불가능합니다. 오늘날 '내로남불'이 한국사회를 설명하는 키워드가 되었습니다. 이것이 무엇을 말합니까? 공의, 공정, 정의는 참 좋은 구호이지만, 사람이 틀렸습니다. 이기심을 내려놓지 못합니다. 내 편과 네 편을 가릅니다. 그러니 '내로남불'일 수밖에 없습니다. 결국 위선만 드러납니다. 그 위선은 결국 분열로 끝나고 맙니다.

어느 학교에서 선생님이 과거, 현재, 미래 시제를 가르쳐주기 위해서 문제를 냈습니다. "나는 준다. 이것의 미래형은 뭘까요?" 이에 대해 "나는 줄 것이다"라고 적어야 되는데, 한 학생이 크게 이렇게 적었습니다. "나는 받는다." 생각할 때마다 우스운 이야기입니다. 그런데 이것이 오늘날 우리의 자화상입니다. 나 중심입니다. 나의 유익, 나의 행복, 나의 성공, 항상 내가 중심입니다. 이기심입니다. 그것이 아무리 고상하고, 명예롭고, 도덕적이라고 하더라도 결코 하나 됨은 없습니다. 계속 분열됩니다. 나로 인해서 분열됩니다. 이것을 잊어서는 안 됩니다.

우스운 이야기이지만, 우리에게 큰 교훈을 주는 이야기가 있습니다. 어느 교회에 큰 분쟁이 일어나서 이것을 해결하려고 했지만 도저히 해결이 안 되었습니다. 그래서 성도들이 결의했습니다. 슈퍼컴퓨터에 묻기로요. 그리고 문제를 다 집어넣으니까 답이 이렇게 나왔다고 합니다. "예수님 잘 믿으시오."

어떻게 생각하십니까? 신앙생활을 할수록 답은 예수 그리스도 안에 있습니다. 그래서 예수님께서 이 땅에 오셨습니다. 대충 믿어서는 어림도 없습니다. 더 분열될 것입니다. 더 큰 위선이 나타날 것입니다. 정말 예수님이 내 안에 주가 되실 때 예수님과 연합하여 그리스도의 마음을 본받고 그리스도를 아는 지식의 충만함에 이름으로 모두가 하나 됩니다. 하나님의 은혜 안에서 성령의 역사로 하나 됩니다. 이것이 하나님의 방식입니다.

성도 여러분, 하나 되어야만, 하나 됨을 통해서만 진정한 능력과 힘과 영향력을 나타낼 수 있습니다. 하나 됨은 하나님의 뜻입니다. 분열은 사탄의 역사입니다. 하나님은 하나님의 자녀가, 하나님의 교회가 하나 되기를 원하십니다. 그런고로 내가 먼저, 하나님의 자녀인 내가 먼저 예수 그리스도와 연합해야 합니다. 예수 그리스도의 마음을 본받으며 그리스도를 따르는 삶을 살아갈 때 나를 통하여 하나님의 신비가 나타나기 시작합니다. 그러한 성도들이 만날 때 이미 하나 돼 있습니다. 예수 그리스도 안에서 성령을 통하여 하나님의 자녀는 예수님의 기도와 같이 하나 됨을 갈망하고 기도하며 오늘을 살아가야 할 것입니다. 하나님의 자녀가 하나 될 때 그 속에서 하나님의 은혜와 사랑과 영광과 능력과 역사가 나타날 것입니다.

기도

전지전능하신 은혜의 하나님, 하나님을 떠나 불신앙의 삶을 살기에 끝없이 분열하는 허탄한 세상 속에서 좌절하고 불안해하며 원망과 불평과 비난 속에 살아가는 어리석은 죄인들을 불쌍히 여겨 주옵소서. 오직 주의 복음을 믿음으로 하나님의 자녀 되어 하나 됨의 신비를 깨닫게 하시고, 그 비밀을 알게 하시며, 하나님의 하나 됨의 방식과 목적에 이끌리어 하나 됨의 역사를 비로소 이루어 나아가며, 하나님의 이름을 거룩히 여기며, 하나님을 찬미케 하심을 진심으로 감사드립니다. 성령이시여, 이 놀라운 하나 됨의 역사가 내 안에서 고백되며, 갈망되며, 그리스도 안에서 이루어져 하나님의 은혜와 역사가 체험되며 나타나는 승리의 삶을 살아갈 수 있도록 함께하여 주옵소서. 우리 주 예수 그리스도의 이름으로 간절히 기도드리옵나이다. 아멘.

10

나 있는 곳에 나와 함께

아버지여 내게 주신 자도 나 있는 곳에 나와 함께 있어 아버지께서 창세 전부
터 나를 사랑하시므로 내게 주신 나의 영광을 그들로 보게 하시기를 원하옵나
이다 의로우신 아버지여 세상이 아버지를 알지 못하여도 나는 아버지를 알았
사옵고 그들도 아버지께서 나를 보내신 줄 알았사옵나이다 내가 아버지의 이
름을 그들에게 알게 하였고 또 알게 하리니 이는 나를 사랑하신 사랑이 그들
안에 있고 나도 그들 안에 있게 하려 함이니이다

– 요한복음 17:24-26

10

나 있는 곳에
나와 함께

　하나님의 사람으로서 세계적으로 큰 영향력을 끼친 여성, 코리 텐 붐의 일화입니다. 그녀는 제2차 세계대전 중에 오랜 수용소 생활로 인하여 노년에 불구의 몸으로 살아가게 되었습니다. 쳐크 미랜더 목사는 자주 그녀의 집을 방문했는데, 그녀가 자기 자신의 가치에 대하여 회의를 느끼며 매우 혼란스러워하는 안타까운 모습을 보았습니다. 그리고 그녀는 주께서 항상 함께하신다는 사실에 대한 의심이 끊임없이 자신을 괴롭힌다고 고백했습니다. 그녀는 의사소통도 제대로 하지 못하는 상태로 주름진 뺨 위에 눈물만 흘리고 있을 뿐이었습니다.

　그때 미랜더 목사가 마태복음 28장을 펼쳤습니다. 그리고 예수님께서 "내가 세상 끝날까지 너희와 항상 함께 있으리라"고 하신 말씀을 읽어주었습니다. 이 약속은 주께서 맡기신 일을 성실히 감당한 모든 주의 사람들에게 주신 것임을 다시금 일깨워 주었습니다. 그 말씀에 곧 그녀의 얼굴은 밝아졌고, 자신에 찬 목소리로 반복해서 이렇게 말했다고 합니다. "항상, 항상, 항상, 항상 함께하시리라. 항상 함께 있으리라."

구원에 이르는 믿음

성도 여러분, 구원에 이르는 믿음은 예수님을 나의 구주로 믿고 확신하며 오늘을 살아가는 것을 의미합니다. 그래서 예수님이 누구이신지를 알며, 무엇을 행하셨음을 명백하게 알고 믿으며, 그리스도의 마음을 본받아 그리스도를 따르는 삶을 살아가는 것을 의미합니다. 십자가에 죽으셨으나 부활하시어 승천하신 살아 계신 그리스도, 그분이 하나님의 자녀와 함께하십니다. 나와 함께하십니다. 이 사실을 믿으십니까? 이 사실을 믿는 그 사람이 믿음의 자녀요, 거듭난 그리스도인입니다. 성령께서는 하나님의 자녀를 항상 예수 그리스도께로 인도하며, 그리스도 안에 연합하게 하십니다. 그리스도 안에서 하나님께 가까이 가게 하시어 하나님과 함께하며, 하나님의 은혜와 평강과 안식을 누리게 하십니다. 이것을 항상 기억해야 합니다.

본문 말씀은 예수님의 기도 중에 마지막 간구가 기록된 기도입니다. 위대한 기도의 결론입니다. 예수님은 이 기도를 하시며, 제자들이 듣게 하시고 알게 하셨습니다. 그래서 훗날 성령을 받은 후에 이 말씀을 기억하며, 이 말씀의 응답으로 예수님과 같이 하나님 중심의 기도를 하며 하나님의 영광을 나타내는 삶을 살기를 원했습니다. 자기 중심의 기도, 세상적 기도, 종교적 기도가 아니라, 하나님 나라의 기도를 하며 승리하기를 원하셨기에 이 기도를 듣게 하시고 알게 하셨습니다. 예수님이 전파하신 복음은 오직 하나, 하나님 나라입니다. 천국 복음을 전파하셨다는 사실을 절대 잊어서는 안 됩니다.

그 복음은 세상을 개혁하고 개선해서 유토피아를 만든다는 것이 아닙니다. 또한 예수 믿는 자로 하여금 부와 성공과 건강을 얻게 하겠다는 것이 아닙니다. 자아성취도 아닙니다. 결코 아닙니다. 예수님은 하나님 나라를 전파하셨습니다. 그래서 성도의 기도는 하나님 나라의 기도가 되어야 합니다. 자기의 뜻이 아니라, 하나님의 뜻이 이루어지기를 기도합니다. 성도의 기도는 자아성취나 세상에서의 성공이 아니라, 하나님 중심의 기도입니다. 성도는 하나님의 나라가 임함을 바라보며 소망하고 믿음으로 오늘을 살아가야 합니다. 그래서 주의 나라와 주의 의를 먼저 구하는 삶을 살아가게 됩니다. 예수님께서는 마지막 간구로 이렇게 기도하셨습니다. "아버지여, 내게 주신 자도 나 있는 곳에 나와 함께 있기를 원합니다." 우리는 항상 이 기도를 기억하며 묵상하고, 이 기도의 응답받는 자로 기도의 응답에 확신을 가지고 오늘을 살아가야 합니다.

예수님은 기도를 통해서 먼저 예수님이 누구이신가를 계시하고 계십니다. 예수님은 창조주 하나님과 아버지와 자녀의 관계를 갖는, 하나이신 아들 하나님이십니다. 예수님은 우리와 같은 인간이 아니십니다. 본래 창세 전에 하나님과 함께하신 아들 하나님이셨습니다. 그 사실을 예수님은 제자들이, 믿는 자들이 기억하기를 원하십니다. 그리고 하나님께서 아들 하나님을 이 땅으로 보내셨습니다. 세상의 구주로 세상을 구원하시기 위해서, 하나님의 뜻을 이루기 위해서, 무엇보다도 하나님의 나라를 선포하기 위해서 예수님을 보내셨습니다. 이것이 복음입니다. 복음의 진수입니다. 그것을 알고 믿음으로 기도하며 살기를 예수님은 원하셨습니다.

성도 여러분, 바로 그 예수 그리스도, 창세 전에 하나님과 함께 계셨던 그분, 그분이 우리를 위하여 중보기도하십니다. 우리가 이 사실을 알기를 원하십니다. 이 사실만으로도 얼마나 감사하고 기쁜지 모릅니다. 살아 계신 그리스도께서 우리를 위하여 기도하십니다. 중보기도하십니다. 이것을 기억해야 합니다. 그 가운데 우리는 기도의 사람으로 새로워질 수 있습니다. 살아 계신 그리스도께서 하나님의 자녀를 세상으로부터 보호하십니다. 악으로부터 보전케 하시기 위하여 오늘도 간절히 중보기도하십니다. 성도들은 그 기도의 응답으로 이 땅에서 승리합니다. 내가 열심히 기도하고, 내 의지로 승리하는 것이 아닙니다. 예수님의 기도는 반드시 응답됩니다. 믿는 자에게 반드시 응답될 것입니다. 예수님이 그 일을 하고 계십니다. 이 사실을 알고 기도하는 자가 복 있는 사람입니다.

하나님께서 내게 주신 자

예수님은 오직 성도들만을 위하여 기도하셨습니다. 예수님은 세상의 구주로 오셨지만, 세상 전체를 위하여, 인류 전체를 위하여 기도하신 게 아닙니다. 절대 아닙니다. 성경을 다시 읽어보십시오. 예수님은 하나님의 자녀들만을 위하여 기도하셨습니다. 지금 하시는 기도는 십자가 지시기 전날, 최후의 유언과도 같은 기도입니다. 오직 성도들만을 위한 기도를 하셨습니다. 모두가 아닙니다. 여기에 그리스도인의 정체성이 있습니다. 내가 교회를 오래 다녔고, 신학공부를 하고, 하나님의 일을 하고, 선교사가 되었다는 이야기가 아닙니다. '하나님께서 내게 주신 자', 다시 그 언어를 반복합니다. '아버지께서 내게 주신 자', 그들만이 그리스도인입니다. 이것을 깨닫게 하십니다. 모든 기도하는 사람은 나는 하나님께서 예수 그리스도께 주신 자이며 그래서 예수님을 나의 구주로 영접할 수 있다는 사실을, 이 진리의 역사를 기억하며 기도해야 합니다. 이 사실을 기억할 때 우리는 더 이상 내 소원이 이루어지기를, 내 뜻대로 되기를 기도하지 않을 것입니다. 그것을 넘어 하나님의 뜻이 이루어지기를 기도할 것입니다. 하나님 중심의 기도를 비로소 하게 됩니다.

성도 여러분, 하나님 나라는 어디에 있습니까? 천국은 어디에 있습니까? 이것은 모든 그리스도인의 질문이며, 살다 보면 모든 인간의 질문임을 알게 됩니다. 예수님께서 이 기도를 통하여 다시 한 번 알려주십니다. 예수님이 계신 곳이 천국입니다. 예수님은 하나님 나라의 왕으로 이 땅에 오셨습니다. 그래서 예수님께서 기도하십니다. 마지막 유언과 같은 기도를 하십니다. "나 있는 곳에 나와 함께 저들이 있게 하소서." 그래서 성도의 마음과 삶은 오직 천국을 바라봅니다. 예수님이 계신 곳을 바라봅니다. 그리고 예수님과 함께하기를 갈망합니다. 예수님이 이미 나와 함께하십니다. 그 약속을 주셨습니다. 그 약속을 믿음으로 주와 함께하는 삶을 이 땅에서 살아가며 승리합니다.

어린 남매를 키우던 한 가정이 있었습니다. 그런데 불행하게도 사고로 둘째를 잃었습니다. 슬픔에 빠져 지내던 엄마에게 어느 날 어린 딸이 물었습니다. "엄마, 동생이 죽어서 어디로 갔어요?" 엄마는 딸의 손을 꼭 붙잡고 이렇게 말해 줬습니다. "예수님 곁으로 갔단다." 얼마 후에 엄마의 친구들이 위로를 하러 찾아왔습니다. 그런데 엄마가 친구들과 대화를 하는 중에 어린 아들이 죽어서 너무 슬프다며 상실감을 토로하는 것을 어린 딸이 들었습니다. 그래서 얼마 전에 엄마가 해준 이야기를 생각하며 엄마에게 다시 물었답니다. "엄마, 어디에 있는지를 아는 것은 잃어버린 게 아니지요?" 엄마는 대답했습니다. "물론이지. 어디 있는지 알고 있다면 그건 잃어버린 게 아니란다." 이때 딸이 다시 물었습니다. "그런데 엄마는 지금 예수님과 같이 있는 동생을 왜 잃어버렸다고 말하시는 거예요?" 이 말에 엄마는 큰 충격을 받았습니다. 그리고 그날 이후로 다시는 이 진리를 잊어버린 적이 없다고 합니다.

성도 여러분, 하나님의 자녀인 성도는 누구입니까? 예수님과 함께하는 자입니다. 그것이 최종결론이요, 정의입니다. 그렇기에 성도의 삶은 예수님과 함께함을 갈망합니다. 천국 중심의 삶을 살아갑니다. 왜냐하면 예수님이 계신 곳이 천국이기 때문입니다. 모든 상황에서 그렇습니다. 하나님은 성도로 하여금 거룩한 인생을 살기를 원하십니다. 하나님의 뜻입니다. 그 거룩함이라는 것이 무엇입니까? 세상과 여러 종교에서는 착한 일을 하고 선한 일을 하는 것이라고 말합니다. 하지만 하나님 앞에서는 그런 것이 아닙니다. 그런 것으로 거룩함을 입지 못합니다. 거룩함이란 그리스도와 함께 있는 것입니다. 그래서 그리스도께서 의의 옷을 우리에게 입혀주셔야 됩니다. 의롭다고 하셔야 합니다. 천국을 지향할 때, 그 믿음으로 거룩함을 받습니다. 이 사실을 항상 기억해야 합니다.

지금 예수님은 십자가 지시기 전날 밤에 기도하셨습니다. 죽음을 앞에 놓고 기도하시며 제자들을 위하여, 믿는 자들을 위하여 중보기도하십니다. 그리고 예수님은 아셨습니다. 확실히 아셨습니다. 이제 십자가의 죽음을 넘어 잠깐 있으면 부활하실 것을, 잠깐 후에 승천하시고 천국으로 돌아갈 것을, 그리고 창세 전에 하나님과 함께 계셨던 그곳에 가실 것을 확실히 아셨습니다. 그러나 제자들은 3년 동안 예수님과 함께 있었고, 하나님 나라의 복음을 들었지만 아직도 복음이 뭔지를 몰랐습니다. 예수님이 누구이신지를 몰랐습니다. 그래서 그들은 충격에 빠졌습니다. 예수님께서 잠시 후면 너희들이 나를 보지 못할 것이라고, 나는 십자가에 죽을 것이므로 이제 너희들은 나를 만날 수 없을 것이라고 하시니 제자들은 근심에 사로잡혔습니다. 이제 예수님께서 그들을 위해 중보기도를 해주십니다. "너희들이 누구인지를 알아라. 복음이 무엇인지를 알아라." 그리고 유언과 같은 기도로 마지막 기도를 이렇게 하십니다. "저들이 나 있는 곳에 나와 함께 있게 하소서."

이게 무슨 뜻입니까? 죽어서 천당 가라는 말씀이 아닙니다. 제자들은 세상 안에 있을 것입니다. 세상에서 많은 박해를 받고 고난 중에 살아갈 수밖에 없습니다. 죄와 싸워야 됩니다. 그러한 현재적 삶에서 "그 마음과 삶이 나 있는 곳에 나와 있게 하소서"라고 기도하셨습니다. '저들의 마음이 온통 살아 계신 그리스도, 부활하신 그리스도와 함께 있으며 그리스도의 약속이 너희와 항상 함께 있으리라.' 그 약속을 붙들고, 바른 신앙생활을 하며 천국을 향한 승리의 삶을 살기를 간절히 기도하셨다는 것을 기억해야 합니다.

천국에서의 성도의 삶

우리는 때로 세상의 삶을 홀로 살아갑니다. 점점 나이가 듦에 따라 고통 중에 있을 때 홀로 있다는 느낌을 많이 받고 힘들어합니다. 그런데 홀로 있었던 적은 한 번도 없습니다. 주께서 항상 함께하실 것이라고 말씀하셨기 때문입니다. 문제는 내가 잊어버린 것입니다. 내가 예수 그리스도 안에서 십자가에 멈춰버린 것입니다. 부활하신 그리스도, 살아 계신 그리스도가 나와 함께하심을 믿지 않습니다. 망각했습니다. 여기에 모든 나의 고통, 근심의 문제가 있습니다. 그러나 예수 그리스도는 지금도 성도와 함께 계십니다. 여기에 구별된 믿음, 구별된 인생이 나타납니다. 그래서 죽음에 대한 생각까지도 바뀝니다. 죽음이란 장소 이동이요, 세상에서 천국으로 가는 것입니다. 세상에서 그리스도와 함께 있다가 천국에서 그리스도를 직접 대면하는 것입니다. 죽음은 장소의 이동일 뿐입니다. 그래서 죽음을 두려워하지 않습니다. 그 절망의 사건조차도 내게 아무 힘을 행사하지 못합니다. 죽음을 기뻐하고 감사합니다. 죽음을 이깁니다. 이것이 성도의 구별된 인생입니다.

그러면 그 천국에서 무엇을 합니까? 예수님은 천국에서 무엇을 하시려고 "천국에 나와 함께 있게 하소서"라고 기도하신 것입니까? 예수님의 기도문에 그 답이 있습니다. "나의 영광을 그들로 보게 하옵소서." 항상 기억하시기 바랍니다. "천국의 영광을 보게 하옵소서." 지금 이것은 십자가의 영광을 말하는 것이 아닙니다. 세상에 한 번도 나타나지 않은 영광입니다. 이 영광은 주님의 영광입니다. "만유의 주, 모든 피조물의 주, 주 예수 그리스도의 영광, 천국에 있는 그 영광을 보고 알게 하옵소서." 이것이 예수님의 기도입니다. 다시 말하면, 최후의 심판에 있어 심판장의 권세이고 영광입니다. "모든 인류가 무릎 꿇고 경배할 수밖에 없는 그 영광을 보고 알게 하옵소서." 이것이 예수님의 마지막 기도였습니다.

성도 여러분, 이 사실을 알 때, 이 영광을 보고 믿을 때 비로소 우리는 구원에 이르는 믿음을 갖게 됩니다. 이것은 추상적인 이야기가 아닙니다. 스데반의 사건을 기억하시기 바랍니다. 복음을 전했다는 이유로 하나님의 백성이라는 자들에게 돌로 맞아 죽습니다. 이런 비참한 고통의 순간에 대해 세상 사람들은, 이스라엘 사람들은 말합니다. "네가 믿는 하나님은 어디 계신 거냐? 네가 믿는 그리스도는 어디 있느냐?"

그러나 그 사건 속에 답이 있습니다. 성령께서 주의 영광을 보게 하셨습니다. 인자의 영광을 보게 하셨습니다. 성령 충만하여 몸은 세상에서 고통 받지만, 그 마음은 이미 그리스도와 함께 천국에 가 있었습니다. 그래서 천사의 얼굴로 이 치욕적인 순간을 감당하고 승리합니다. 그리고 그들 모두를 위하여 기도했습니다. "저들을 살려주소서. 저들이 하는 짓을 모르기 때문입니다. 예수님을 모르고, 복음을 모르고, 주의 영광을 알지 못하기에 이런 일을 합니다. 저들을 용서해 주소서." 성도 여러분, 바로 그 주의 영광을 보게 해달라고 예수님께서 오늘도 우리를 위하여 기도하십니다. 그래야 나약한 믿음, 미천한 자의 믿음이 온전케 됩니다. 거룩함을 입습니다. 승리합니다. 이것을 예수님께서 기도하셨습니다.

여기에 그리스도인의 변화가 있습니다. 모든 것이 변화됩니다. 생각과 지식이 변하고, 사고방식이 변하고, 기도가 변합니다. 하나하나를 뜯어고쳐서 그리스도인이 되는 것이 아닙니다. 온전히 예수님을 만날 때, 주의 영광을 볼 때 정말 주를 따라가게 됩니다. 성도 여러분, 구원의 확신을 갖고 스스로 하나님의 자녀라고 생각하면서 아직도 이런 변화가 나타나지 않고, 천국 중심의 삶을 살아가지 않고, 그리스도와 동행함을 갈망하지 않고, 그런 체험이 없다면 지금 잘못된 신앙생활을 하는 것입니다. 나도 모르는 사이에 뭔가 잘못돼 가고 있는 것입니다. 한마디로 복음에 대한 무지입니다. 더 정확히 말하면, 예수 그리스도가 누구이신지를 정확히 모르는 것입니다. 알고 싶은 것만 아는 것입니다. 주가 전하신 복음을 아직 모르는 것입니다. 이들에게 천국은 항상 추상적인 것입니다. 때문에 항상 절망과 고독과 두려움과 낙심 중에 살게 됩니다. 주의 평강과 은총을 누리지 못합니다. 참으로 비참한 일입니다.

한 목사님이 교회에서 성도들에게 이렇게 질문했답니다. "지옥에 가시기를 원하는 분은 손들어 보세요." 그랬더니 당연히 아무도 손을 안 들었습니다. 다시 물었습니다. "천국에 가시기 원하는 분은 손들어 보세요." 그랬더니 다 손을 들었습니다. 그래서 목사님이 "전부 천국 가시길 바라는군요"라고 하면서 마지막 질문을 하나 더 했습니다. "그러면 지금 이 시간 천국 가시기 원하는 분은 손들어 보세요." 그러자 아무도 손을 안 들었습니다. 침묵만 있었습니다. 그래서 목사님이 이렇게 답했습니다. "그러니까 천국보다 지금이 더 좋다는 얘기네요." 성도 여러분, 정말 천국을 사모하고 기뻐합니까? 천국의 그 영광을 알기를 갈망합니까? 예수님의 이 기도가 나에게 응답되어, 그 영광을 기뻐하며 오늘을 살아가고 계십니까? 깊이 생각해야 합니다.

그리스도인의 정체성

하나님의 약속은 반드시 성취될 것입니다. 성경대로 하나님의 말씀은 반드시 사건으로 일어날 것입니다. 무엇보다도 하나님 나라는 이미 세상 속으로 들어왔습니다. 성육신하신 예수님과 함께 이미 왔습니다. 그 복음의 증인이, 그 나라의 백성이 성도요, 그리스도인입니다. 그 나라가 아직 완성되지 않았을 뿐입니다. 그러나 하나님께서 정하신 그날에 성취되고 완성될 것입니다. 여기에 그리스도인의 소망이 있습니다.

예수님은 하나님 나라를 전하셨습니다. 오직 천국복음을 전하셨다는 것을 항상 기억해야 합니다. 그리고 그 복음 안에서 기도하며 살아가야 합니다. 이에 복음은 하나님께서 창세 전에 계획하셨음을 반복해서 기도문에서 알려주고 계십니다. 창세 전의 하나님의 경륜, 구체적인 계획입니다. 그 비밀이 예수 그리스도를 통해서 나타나기 시작했습니다. 그래서 예수님께서 기도하십니다. "하나님의 자녀들이 나 있는 곳에 나와 함께 있어 나의 영광을 보게 하여주소서." 이 기도의 응답을 받고, 이 기도를 하며 살아가는 자가 하나님의 자녀입니다.

그리고 25절과 26절에서는 그리스도인이 누구인지를 또다시 다른 설명으로 해주십니다. 왜냐하면 성도가 성도의 기도를 못하고, 성도가 성도의 삶을 살지 못하고 하나님을 만나지 못하며, 하나님의 은총을 누리지 못하는 이유는 자신의 정체성을 잃어버렸기 때문입니다. 그래서 예수님은 마지막까지 너희가 누구인지를 알라며 또다시 기도로 알게 해주십니다. 계속 반복하십니다. 기도 중에 또 반복하고, 복음으로 반복하십니다. 그만큼 중요한 복음 진리이기 때문입니다. 내 정체성을 알아야 세상에서 구별된 인생을 살아가기 때문입니다.

25절에 이렇게 기도하셨습니다. "그들도 아버지께서 나를 보내신 줄 알았사옵나이다." 그들이 바로 그리스도인입니다. 한낱 종교 창시자가 아니라, 예수님은 창세 전에 하나님과 함께 계셨고, 하나님께서 이 땅에 보내신 구주이심을 알고 믿었습니다. 세상의 종교 창시자, 철학자, 어떤 영웅도 이 사실을 알지 못합니다. 얘기해 줘도 믿지 않습니다. 그러나 성도들만은 이것을 압니다. 여기서 구별됩니다. 또한 26절은 말씀합니다. "내가 아버지의 이름을 그들에게 알게 하였나이다." 아버지의 이름이란 하나님의 존재와 능력과 성품과 역사, 모든 것을 의미합니다. 살아 계신 하나님을 앎으로 비로소 그리스도인입니다. 그러나 세상 사람들은 알지 못합니다. 추상적으로 여길 뿐입니다. 하지만 하나님의 자녀는 정말 하나님의 이름을 알고, 그 이름을 높이며, 그 이름에 이끌리어 새로운 인생을 살아갑니다. 무엇보다도 그 이름 속에서 하나님의 사랑을 알고 체험합니다. 그 사랑의 사건이 십자가 사건입니다. 십자가에서 아들 하나님이 피 흘려 죽으십니다. 이처럼 사랑하십니다. 이 아가페를 알고 믿음으로 하나님의 자녀가 되었습니다. "이것을 알고 기도하라. 깨어 기도하라." 예수님께서 우리에게 알려주셨습니다.

성도 여러분, 영생을 소유했다는 것은 바로 이러한 삶이 구체적으로 나타난 것을 말합니다. 육신의 생명을 받아 우리는 먹고, 마시고, 느끼며 육체의 삶을 살아갑니다. 마찬가지로 영생을 소유함으로 새로운 영적 삶이 시작됩니다. 알 수 없고 믿을 수 없는 일을 알고 믿게 되었습니다. 여러분은 이것을 구체적으로 체험하고 고백하며 살아가십니까? 한마디로 영생의 삶은 그리스도를 아는 지식의 충만함에 이르는 것입니다. 십자가를 넘어 부활과 그리스도의 영광과 천국의 영광을 보고 믿으며 오늘을 살아갑니다. 예수님께서 그렇게 기도하셨기 때문입니다. 그래서 세상에서 사나 세상에 속하지 않은 자로 모든 상황에서 천국 진리를 붙잡고 천국을 소망하며 구별된 인생을 살아가게 됩니다. 그 믿음 속에 하나님의 위로가 나타납니다. 엉뚱한 데서 위로를 구하지 마십시오. 그것은 종교생활입니다. 천국 진리를 믿음으로 살아갈 때 하나님의 은혜와 평강을 누리게 됩니다. 하나님의 임재를 체험하게 됩니다. 이 모든 것이 하나님의 은혜입니다. 오직 예수 그리스도와 연합하여 그리스도를 따르며, 그리스도를 아는 지식의 충만함에 이르는 자에게 하나님께서 주시는 은총입니다.

영성신학자였던 헨리 나우웬이 쓴 『기도의 삶』이라는 책에 나오는 매우 중요한 글이 있어 소개합니다. 영국의 영성가 안소니 블룸은 "우리를 기도로 부르는 것은 우리를 찾으시는 하나님의 간절한 추구이고, 기도를 시작하는 쪽은 우리가 아니라 하나님이시고, 우리가 하나님을 원하는 것보다 하나님이 우리를 더 원하신다"라고 설명합니다. 그러면서 부연 설명을 합니다. "우리는 하나님께 겨우 몇 분, 몇십 분을 내어드리면서 그 시간에 그분이 임재하지 않는다고 불평한다. 하지만 우리의 문을 두드리시는 하나님께 '죄송하지만 바쁩니다'라고 말하는 나머지 23.5시간은 어떠한가? 심지어 전혀 반응이 없을 때도 있다. 우리의 마음과 생각과 양심과 삶의 문을 두드리시는 하나님의 노크 소리를 아예 듣지 못하기 때문이다. 그러므로 우리는 하나님의 부재에 대하여 불평할 권리가 없다. 그분보다 우리가 더 부재하기 때문이다."

함께하심에 대한 약속

살아 계신 하나님께서 우리와 함께하시기를 약속하시고 성도와 함께하십니다. 그런데 우리는 그리스도를 잊었습니다. 삶 속에서 망각합니다. 그 약속을 믿지 않습니다. 여기에 문제가 있습니다. 성령의 사람은, 영생을 소유한 사람은 그리스도를 갈망하며 그리스도와 함께 있는 삶을 오늘 살아가는 사람입니다. 성도 여러분, 예수님께서 이 위대한 기도를 마치시고 십자가를 지러 가셨습니다. 한번 생각해 보십시오. 예수님의 육신은 십자가를 향하고, 고통의 순간으로 향하고, 십자가에서 죽으시지만, 그분의 마음은 천국에 있었습니다. 하나님과 함께 있었습니다. 천국을 바라보며 십자가를 지셨습니다. 그래서 히브리서 12장 2절에 이렇게 기록합니다. "그는 그 앞에 있는 기쁨을 위하여 십자가를 참으사." 창세 전의 그 영광을 보고 기뻐하며 천국으로 돌아가니 얼마나 기쁘시겠습니까? 그 마음으로 그 기쁨을 누리며 십자가를 참으셨음을 항상 기억해야 합니다.

복음의 사람은 종말론적 신앙으로 오늘을 살아가는 사람을 의미합니다. 종말론적 신앙이란 종말에만 지나치게 관심을 갖고 종말만을 생각하며 오늘 아무것도 하지 않는 것이 아닙니다. 종말론적 신앙이란 종말을 알고 그날을 바라보며, 주의 영광을 생각하며 오늘 이 땅에서 담대한 인생을 살아가는 것입니다. 비록 세상과 육신에 속한 자이지만, 이제는 육신에 속하지 아니한 자로 또한 세상에 속하지 아니한 자로 그래서 천국 시민권을 가진 하나님의 자녀로 그 영광을 보며 오늘을 살아가는 사람을 의미합니다. 히브리서 11장을 기억하시기 바랍니다. 아브라함을 비롯해 모든 믿음의 사람들이 더 나은 본향을 위하여, 영원한 본향을 위하여 이 땅에서 승리했음을 우리에게 말해 주고 있습니다.

성도 여러분, 에덴낙원은 그 뜻을 이루기 위하여 세워진 곳입니다. 예수님께서 오늘도 우리를 위하여 기도하십니다. 하나님의 자녀들만을 위한 기도입니다. "아버지여, 하나님의 자녀들이 오늘 나와 함께 있어 나의 영광을 보며 이 땅에서 승리하게 하소서." 성령께서는 하나님의 자녀를 항상 그리스도께로 인도하십니다. 그리스도를 아는 지식의 충만함에 이르게 하시고, 그리스도의 영광을 보게 하실 것입니다. 그래서 깨어 기도하며, 하나님의 뜻이 이루어지기를 기도하며, 하나님 중심의 기도로 이 땅에서 승리하게 되는 것입니다.

그리스도인이란 성령 안에서, 예수 그리스도 안에서 기도의 사람으로 변합니다. 그래서 예수님께서 십자가를 지시기 전날 최후의 기도, 유언과 같은 기도를 하십니다. "하나님! 이 백성, 하나님께서 내게 주신 자들이 나와 함께 있어, 나 있는 곳에 나와 함께 있어 나의 영광을 보며 복음의 증인으로 승리케 하여주옵소서."

기도

전지전능하신 은혜의 하나님, 끝없이 세상으로 향하고, 세상 풍
조에 휩쓸리고, 세상의 소식에 민감하게 살아가며, 세속적인 신
앙으로 살아가는 미천한 죄인에게 예수님을 나의 구주로 영접하
여 복음을 듣게 하시고, 믿게 하시고, 복음 진리에 이끌리어 그리
스도를 아는 지식의 충만함에 이르며, 그리스도의 영광을 보고
알게 하시어 세상 속에서 영생의 삶을 살며 승리케 하심에 진심
으로 감사드립니다. 성령이시여, 주님의 기도가 나의 기도가 되
게 하시고, 그 기도가 내 안에 사건으로 응답되어 진실로 천국 중
심의 삶을 살며, 주와 동행하여 세상이 알 수 없는 것을 알며, 볼
수 없는 것을 보며, 영원한 안식을 누리며, 기쁨을 누리며, 주의
영광을 나타내게 하여주옵소서. 주 예수 그리스도의 이름으로 간
절히 기도드리옵나이다. 아멘.